T0286748

El fin de la ansiedad

El fin de la ansiedad

Gio Zararri

VERGARA

Papel certificado por el Forest Stewardship Council®

MIXTO
Papel | Apoyando la
silvicultura responsable
FSC® C117695

Penguin
Random House
Grupo Editorial

Primera edición: junio de 2019
Décima reimpresión: junio de 2023

© 2019, Sergio González de Zárate Pérez de Arrilucea
© 2019, Penguin Random House Grupo Editorial, S. A. U.
Travessera de Gràcia, 47-49. 08021 Barcelona

Printed in Spain – Impreso en España

ISBN: 978-84-17664-33-6
Depósito legal: B-10.667-2019

Compuesto en Infillibres, S. L.

Impreso en Romanyà Valls, S. A.
Capellades (Barcelona)

VE 6 4 3 3 B

*Dedicado a la persona que me hizo entender
que podemos ser tan fuertes como decidamos serlo.
Gracias, mamá*

Índice

Presentación

Cuando cambias el modo de ver las cosas, las cosas que ves también cambian.

WAYNE DYER

A nada en la vida se le debe temer, solo se le debe comprender.

MARIE CURIE

¿Estás buscando el modo de eliminar la ansiedad de tu vida? ¿Necesitas volver a sentir que eres tú, y no la mala suerte, quien controla tu presente? ¿Estás harto de notar esos insufribles síntomas con que despiertas cada mañana? ¿Quieres comprender cuál es el sentido y cuáles las acciones que te ayudarán a eliminar el sufrimiento y la preocupación?

Si en estos momentos tu principal objetivo se centra en superar este extraño problema que se ha presentado en tu vida, este libro te ayudará.

Por experiencia puedo decirte que, si dejas de temer y empiezas a comprender, todo cambiará mucho antes de lo que imaginas.

El fin de la ansiedad ha llegado a tus manos con un propósito: ayudarte a redirigir tu vida. Si sigues estos sencillos pasos, no solo superarás la ansiedad para siempre, sino que conseguirás sentirte capaz de hacer realidad muchos de esos sueños que tal vez un día decidiste considerar imposibles.

Intentaremos reconocer y reconducir el problema por lo que realmente es, y además lo combatiremos tratando de eliminar esas molestas sensaciones con el verdadero y único propósito por el que la ansiedad llegó a tu vida: la necesidad de que realices un cambio.

Al igual que a ti, un buen día a mí me tocó lidiar con muchos de los síntomas que hoy padeces. Sé por lo que estás pasando, y te aseguro que la ansiedad puede y debe superarse, que puedes aprender de ella e incluso dejar de temerla para siempre.

El camino que pronto comenzaremos juntos no solo te hará más fácil convivir con los síntomas, sino que iremos más lejos. Te ayudaré a comprender que gracias a esta etapa vas a convertirte en alguien mejor y más fuerte, porque al superar el problema habrás conseguido superarte a ti mismo, toda una metamorfosis.

No soy médico ni psicólogo, sino alguien cercano a ti, una persona normal a la que, como a ti y a muchos otros, un día le tocó hacer frente a un problema extraño y desconocido con las herramientas que llevaba consigo, alguien que vivió el proceso desde dentro, alguien que, tras muchas pruebas y más errores, consiguió encontrar un método que le haría superar la ansiedad para el resto de sus días, un camino que pronto compartiré contigo, una lección que espero que pronto hagas también tuya.

El fin de la ansiedad no es un manual de recetas o milagros. Si buscas eso, no te engañes: no existen recetas para la vida. Vencer la ansiedad es superarse a uno mismo, y conseguirlo dependerá más de tu acción que de tu conocimiento. En este libro que tienes en tus manos narro cómo fue mi proceso y explico cuáles fueron mis acciones y, como verás en repetidas ocasiones, a ti te tocará practicar con lo aprendido.

Cuando pierdes el rumbo y empiezas a ir en contra de la vida, esta te manda señales para que cambies. Llegado a este punto, tienes dos opciones: hacer caso y cambiar o ignorarlas y seguir como si nada ocurriese. El problema de escoger la segunda opción radica en que no puedes ir en contra de la vida eternamente. Si ignoras sus alertas durante mucho tiempo, la vida te dará un toque de atención tan fuerte que no tendrás más remedio que pararte y escuchar.

Este es el mensaje que harás tuyo: la ansiedad ha llegado a tu vida para que te detengas y aprendas a escuchar, ya que, lo entienda o no tu razón, necesitas un cambio. Este libro intentará ayudarte a comprender cuáles son esas necesidades que la vida quiere para ti.

Ante cualquier reto siempre existen dos opciones: huir o atacar, sentirse víctima o responsabilizarse y trabajar para superar el problema.

Si ante la ansiedad decides huir —atiborrarte de pastillas, realizar sesiones de hipnosis o psicoterapia, o esperar sin más a que el problema pase sin pararte a pensar—, puede que por este camino consigas que desaparezca momentáneamente, pero te costará más tiempo y dinero, y lo que es peor, vivirás con un temor constante ante la posibilidad de que vuelva a presentarse en cualquiera de sus formas. Huyendo te convertirás en alguien dependiente, porque el fantasma de la ansiedad condicionará tu vida.

Temer a la ansiedad conlleva la dependencia de ansiolíticos, psicólogos o ayudas externas, una vida esclavizada que puede derivar en problemas más graves como las crisis de pánico, la fobia social o agorafobia, en resumen, miedo a que pueda reaparecer sin avisar.

Por ello quiero ayudarte a elegir la segunda opción, la mejor y más sencilla, la opción inteligente: atacar el problema, entendiendo los motivos por los que se presentó en tu vida y realizando las acciones necesarias para superarla. Comprendiendo el porqué de tus síntomas, conocerás la razón y la aceptarás por lo que realmente es. Es el momento de actuar y de entender que existe un antes y un después en tu lucha, un momento que llega en cuanto decidas ser tú quien asume el control de tu propia vida.

Al responsabilizarte, actuarás y te convertirás en alguien más fuerte y seguro, alguien que dirige su vida y controla sus miedos; habrás comprendido qué es la ansiedad y cuál era su mensaje. De este modo, resucite o se entierre el duende maldito de la ansiedad, ya nunca condicionará tu vida.

Cuando me di cuenta de que, al superar de este modo este difícil reto, me había hecho más fuerte y seguro y había interiorizado nuevas actitudes en forma de herramientas para la vida, comencé a vivir como realmente quería hacerlo, afrontando dificultades y cambios por libre elección; entendí entonces que mirar de frente al problema me hacía vivir con menos miedos, tomar el control y comprender que los límites, si así lo decides, los pones tú.

Una vez cambie la forma de entender el problema, empezará a transformarse la realidad que te rodea. Te darás cuenta de que «cuando cambias el modo de ver las cosas, las cosas que ves también cambian».

Espero que el hecho de no ser experto en temas mentales ayude a que la lectura sea más agradable. Así pues, intentaré no aburrirte en el camino con tecnicismos, gráficas complejas o frases enrevesadas, ya que por experiencia sé que no es el mejor momento para rizar el rizo; tu atención está enfocada en los síntomas y, cuanto más claro sea el mensaje, mejores resultados obtendremos.

Buscaré en estas líneas y desde el primer capítulo tu sonrisa e intentaré que, a medida que pasas las páginas y los días, esa sonrisa se mantenga y vaya aumentando, a la vez que tus síntomas disminuyen y tú comienzas a sentirte mejor de lo que tal vez te hayas sentido nunca.

Debes reconocer que para cualquier cambio se necesita acción y, como este es un libro de acción, no bastará con entender o aceptar la teoría. Si la lectura avanza y no observas mejoras, considera que estás evitando el objetivo principal de este libro: actuar.

Alégrate y sonríe, porque eligiendo este libro has escogido actuar. Pronto comprenderás cuál es el mensaje que la ansiedad trae a tu vida. Pronto descubrirás cuáles fueron mis pasos y cuáles pueden ser los tuyos. Pronto sentirás que, con cada paso que das, te sumerges de lleno en ese camino que la vida quiere para ti.

SUGERENCIAS PARA OBTENER EL MAYOR BENEFICIO DE ESTE LIBRO

Existe un requisito fundamental para obtener el mayor beneficio tanto de la vida como de este libro, un factor imprescindible porque, sin él, de nada servirá que te plantees acción alguna.

¿Cuál es el factor con el que puedes hacer realidad cualquier objetivo que te propongas?

Es uno y bastante sencillo: hacernos responsables de nuestra vida y felicidad.

Debes reconocer que este cambio no solo es posible, sino también necesario, considerando que toda fuerza que puedas necesitar para afrontar cualquier dificultad está —y siempre ha estado— dentro de ti mismo.

Por ello, cada vez que estés a solas con este libro, en el preciso momento en que repose en tus manos, prueba a decirte a ti mismo: «Yo soy el responsable de mi vida, yo puedo cambiar mi realidad, tengo la fuerza para hacer de mi existencia una vida mejor y sé que pronto lo habré conseguido».

Y, además, mientras procesas ese mensaje que activará la fuerza que todos llevamos en nuestro interior, justo en el momento en que abres el libro y empiezas a leer, ¡sonríe!

Sonríe porque estás cambiando, sonríe porque estás luchando, sonríe porque vuelves a creer en ti y te crees capaz, sonríe porque vas a ser tú quien dirija tu propia vida y pronto harás de ella algo mucho mejor.

Sonreír, una práctica al parecer tan simple, está realizando cambios en ti: te ayuda a reconocer y a no olvidar que eres capaz de conseguir todo lo que te propongas.

Recuperar tu equilibrio es ahora tu tarea más importante —lo sabes y por eso estás leyendo estas páginas—, así que siempre que te sumerjas en esta nueva realidad en forma de libro, sonríe.

Asocia esta lectura a tu cambio, a tu mejora; tú lo vas a hacer posible porque sabes que es posible. Al ser este un relato de acción, asociar tu necesidad de cambio a tu nuevo yo responsable te estará acercando a tu metamorfosis, a tu mejora, a la vez que te hará más sencillo y cómodo convivir con el fantasma de la ansiedad y cada uno de sus síntomas, mientras sacas a flote esa fuerza de voluntad que siempre ha estado en ti, una fuerza que te ayudará a llevar a cabo las acciones que necesitas realizar.

La meta principal será superar tu ansiedad, aunque te darás cuenta de que tras esta victoria podrás poner fin a muchos otros miedos que tal vez te tenían bloqueado. Por ello, los objetivos principales de este libro son:

- *Interiorizar el mensaje* que la ansiedad trae a tu vida mientras aceptas que tu problema no tiene otro nombre.
- *Llevar a cabo las acciones* necesarias para superarla, trabajando en esa metamorfosis que la vida quiere para ti.

Para que sea más sencillo poner en práctica la teoría, aquí tienes unos simples consejos sobre el mejor modo de utilizar este libro:

- *Lee cada uno de los capítulos las veces que consideres oportunas.* Si en alguna ocasión existe algo que te cuesta aceptar, vuelve a leerlo; si lo ves necesario, haz lo que tengas que hacer para demostrarte a ti mismo que es verdad aquello que cuento. No des nada por sentado. Lo importante no es leer ni comprender, sino creer y actuar hasta hacer tuya la lección aprendida.
- *Intenta leer en tus momentos de calma, a poder ser por la noche antes de dormir.* Conviviendo con la ansiedad (sobre todo ante determinados síntomas) es muy difícil concentrarse, de modo que, para resolver tanto este como cualquier otro problema, es preciso ver algo de luz ante tanta oscuridad. Necesitas calma, pero, sobre todo, debes creer que el objetivo es alcanzable. Al leer ya estás actuando, te haces responsable. Sin embargo, el libro únicamente es una herramienta que intenta hacerte el camino más fácil. Por eso, lee leyendo, acepta aceptando y actúa

actuando. Entiende este libro como un regalo que te haces a ti mismo que te ayudará a mejorar tu realidad y asócialo a tus momentos de calma, date a ti mismo esta posibilidad. Busca esos momentos en tu espacio personal y sumérgete en tu vida, en tus necesidades. Si consigues tranquilizarte reconociendo que estás responsabilizándote de tus problemas y comprendes que esta lectura puede formar parte de tus herramientas personales, podrás recuperar esos instantes de paz necesarios para hacer tuyas muchas de las acciones que te devolverán el equilibrio. Cuando puedas, ayúdate del sueño. Lo creas o no, dormir nos sirve para ordenar las ideas e interiorizar el aprendizaje adquirido durante el día, así que si, con calma, te habitúas a leer algunas líneas antes de dormir, a la vez que las pones en práctica durante el día, seguramente antes de lo que imaginas habrás alcanzado tu objetivo.

- *Si lo ves necesario, subraya términos, párrafos, palabras o frases.* Todo cambio pasa por aprender de los errores y creer en tus posibilidades. Una frase, una palabra o incluso una imagen pueden activar esa fuerza interior que nos recuerda que somos capaces de conseguirlo. Por lo tanto, si encuentras una idea que te ayude a encender esa llama que hay en ti, grábala en tu memoria. Utiliza todas aquellas herramientas que tengas a tu disposición para marcar a fuego esa nueva creencia que haga de ti una persona más fuerte.
- *Tras interiorizar y aceptar tu singular realidad, te*

tocará cambiar algunos comportamientos que te hacen sentir fuera de todo control. En el capítulo 5, titulado «Sonríe, ha llegado el momento de pasar a la acción», trataremos los diferentes síntomas que padeces llevando a cabo las acciones oportunas. Trabajaremos el cambio hasta convertir cualquier acción en algo mecánico. Así pues, relee el capítulo las veces que creas necesarias y, sobre todo, no dejes de ponerlo en práctica.

- Como *este es un libro de acción, puedes empezar ya mismo con la que mejor te ayudará a sentir los efectos directos del cambio: el ejercicio.* El mejor modo de reducir una sensación negativa es sentir lo opuesto, lo positivo, así que, si puedes, empieza hoy mismo a hacer deporte: te aseguro que tu presente mejorará.

Resumiendo, para obtener el mayor beneficio de esta lectura deberíamos considerar:

- *Reconocer en todo momento que somos los responsables de nuestra vida.* Sabiendo que somos luchadores, seremos conscientes de nuestra capacidad para superar cualquier problema, y al mantener esta idea en nuestra cabeza, sonreiremos antes de abordar las páginas de este libro.
- *Asociaremos esta lectura a nuestros momentos de calma,* enviando directamente a nuestro cerebro esta asociación y evitando distracciones que nos alejen de la acción que estamos llevando a cabo. Si es

posible, leeremos antes de dormir para que el sueño nos ayude a retener las ideas, interiorizar el mensaje y mecanizar las acciones que nos devolverán el equilibrio.

- Si existen frases, palabras o ideas que consideremos importantes, capaces de hacer brotar nuestra fuerza interior, las subrayaremos, *tomaremos notas o llevaremos a cabo las acciones pertinentes* hasta que formen parte de nosotros mismos.

- *Reconoceremos que debemos actuar cuando se presentan los síntomas y volveremos al capítulo de acciones (capítulo 5) las veces que necesitemos* hasta que el aprendizaje pase a convertirse en una respuesta automática, una herramienta propia que nos ayudará a superar cualquier momento difícil que se nos presente.

- Si es posible (y sabes que lo es), empezaremos a *hacer ejercicio* hoy mismo, experimentando cómo nuestra vida comienza a mejorar.

Y ahora respira hondo y sonríe porque ha llegado el momento de comenzar el camino, un camino que pronto te hará entender que siempre has sido, eres y serás más fuerte de lo que crees. Sonríe porque...

¡Vas a ser tú quien lo hará posible!

Y de repente, una tarde cualquiera, algo dentro de mí había cambiado. Mis latidos retumbaban a una velocidad y fuerza tales que me hacían comprender que el final se aproximaba. Un sudor frío recorría mis sienes y junto a ese extraño y desconocido latir de mi corazón comencé a reconocer que había perdido el control.

Aún no sabía que todo aquel desbarajuste no había hecho más que comenzar...

Pero para recuperar y hacer presente aquel pasado, toca realizar un largo viaje rumbo al interior de mi memoria...

1
El día en que empezó todo

Tengo que soportar dos o tres orugas para
ver las mariposas.

ANTOINE DE SAINT-EXUPÉRY,
El Principito

Recordar fechas y nombres nunca se me ha dado demasiado bien, menos aún cuando intento recordar una de
mis experiencias más complicadas. Sin embargo, puedo
revivir algunos de los episodios que se sucedieron aquel
extraño día en que la ansiedad decidiría presentarse en mi
vida sin avisar.

Siempre he sido un estudiante bastante vago, por lo que
había una tarde de la semana que me resultaba de lo más
deprimente y dura, una que solía ir acompañada de la desa-
gradable resaca. Si lo piensas, no te cabrá duda de que aquel
horrible día era el domingo.

En aquellos tiempos estudiaba Ingeniería Informática

en la Universidad de Deusto, en Bilbao. Por esta razón, y también por una anécdota relacionada con un examen que pronto conocerás, sé que aquello sucedió en un año entre el 2003 y el 2006.

En el País Vasco, las estaciones se diferenciaban por los colores y sensaciones que las acompañaban —por desgracia, con el cambio climático ya no siempre es así—. Con todo, me viene a la memoria la particularidad de aquel domingo, un día gris con una temperatura bastante fría; con total seguridad, un triste domingo de otoño.

Vivía en casa con mi familia —mis padres, mi hermano pequeño y mis dos hermanas— y aquella deprimente tarde de principios del siglo XXI yo mantenía una conversación con mis hermanas acerca de la vida, las drogas y el sinsentido. Una conversación muy importante en lo que se refiere a mi vida con ansiedad, ya que estoy seguro de que aquello desencadenó todo...

Llevaba unos meses tonteando con las drogas y la cuestión me preocupaba. Aquella tarde, durante la citada charla, me di cuenta de que el tonteo no solo me preocupaba a mí, sino también a mis hermanas. No me sorprendió entender que, conocedoras de cuáles eran mis amistades en aquellos tiempos, sospecharan y supieran tanto del tema como yo. El camino que yo estaba tomando no les gustó nada y, de un modo u otro, me lo hicieron notar.

Tras aquel diálogo no me quedó otra opción que agachar la cabeza, aceptar que estaba yendo a la deriva y reconocer que necesitaba un cambio. Poco más tarde me quedaría solo en casa, y fue en aquella soledad cuando algo nuevo comenzó a brotar dentro de mí, algo que trataría de decirme que no solo estaba fallándole a mi familia, sino también a mí mismo.

Bajo aquel gris que lo rodeaba todo, mis odiosos compañeros, resaca y domingo se sumaron a mi soledad, y no tardaría en añadirse a ellos un nuevo enemigo, un problema interno grave y desconocido provocado por ese juez personal que denominamos conciencia.

Durante aquel intercambio de pensamientos con mis hermanas observé solo una intensa desaprobación en sus ojos, pero había algo más: una especie de amor acompañado de miedo. Esa sensación, esas palabras y, sobre todo, esas miradas que tanto decían sin necesidad de decir nada tocaron algo dentro de mí.

No tenía idea de que estos factores —unidos a otros que rondaban por mi cabeza y que pronto descubriría— podían activar la más devastadora bomba biológica que jamás hubiera imaginado.

Moralmente llevaba semanas sintiéndome decaído porque sabía que hacía algo que nada tenía que ver conmigo ni con la vida que quería, y aquella charla con dos de mis seres más queridos sería la gota que colmaría el vaso, mejor dicho, para ponernos en situación, la chispa que encendería la bomba que, sin saberlo, siempre había llevado conmigo.

En el instante en que mis hermanas salieron de casa y oí que la puerta se cerraba, un pánico indescriptible y desconocido hasta el momento se apoderó de mí.

Perdido, confundido y sintiéndome más solo que nunca, me tocó luchar contra un remolino de pensamientos y emociones tan descontrolado y excesivo que no tenía ni idea de cómo pararlo. Era tal la cantidad de ideas y emociones que en ese instante nublaban mi mente que mi respuesta instintiva fue bien simple: comencé a llorar.

Lloraba sin sentir la necesidad de hacerlo. Es más, las lágrimas caían únicamente de uno de mis ojos, el derecho, lágrimas acompañadas de un extraño tic nervioso que, aun sin comprender el porqué, no cesarían durante días.

Minutos más tarde —siempre con lágrimas en el ojo—, la sensación empeoró, pues a aquel dolor emocional, unido a ese extraño tic, se sumaba otro nuevo malestar, esta vez físico: mi corazón había comenzado a palpitar de un modo tan agresivo que mi cuerpo entero vibraba a su ritmo.

Se irían sumando nuevos síntomas, también desconocidos: mi vista se nubló, empecé a sentir pinchazos en la cabeza y un sudor frío cubrió mi cuerpo, a la vez que me sobrevenían unos vahídos tan fuertes que temía perder el conocimiento y caer al suelo de un momento a otro.

Desconocía el porqué de todo aquello, ya que ni en mi razón ni en mi memoria existía una respuesta. Por ello empecé a pensar que tal vez había llegado mi hora...

Asustado y confundido, me acerqué como pude al baño para intentar combatir aquel inminente desmayo que creía que me haría perder la consciencia. Una vez allí, me senté y de un modo mecánico comencé a mojar mi rostro y cuello para tratar de recuperar el control, que ya sentía perdido.

No sabía qué me estaba pasando, pero aquellos alarmantes síntomas me hacían pensar en un nombre, uno que no me gustaba nada y que, menos aún, esperaba asociar tan pronto a mi vida: un ataque al corazón.

Todo el mundo sabe de alguien más o menos cercano que ha sufrido un ataque cardíaco, y aquellos síntomas, acompañados de unas palpitaciones tan fuertes, rápidas y estruendosas, me indujeron a sacar mi primera conclusión. No me daba cuenta de que, a causa de mi temor, la respiración se entrecortaba y, como más tarde comprendería, al aspirar menos oxígeno, la sensación de mareo aumentaba. Además, ignoraba que muchos síntomas estaban relacionados unos con otros y que dejarme llevar por el pánico no hacía sino empeorarlo todo.

Ante aquel desconocimiento y luchando por mi supervivencia, por puro instinto continué mojándome la cara para evitar desmayarme, y fue así como, repitiendo esta sencilla tarea, aguantaría estoicamente, a la espera de un final que ya creía cierto.

Los segundos se convirtieron en minutos y, aunque todo me parecía extraño, los síntomas no desaparecían y, sorprendentemente, yo tampoco...

Haciendo lo posible por mantenerme en pie y sin saber el tiempo que había pasado, oí cómo se abría la puerta de mi casa. Las voces indicaban que mis padres habían llegado y ese reconocer que ya no estaba solo me ayudó a encontrar algo de paz.

Siendo mis padres quienes se presentaron y pensando que todo se debía a circunstancias que difícilmente podrían aceptar —creía yo—, intenté disimular mis síntomas encerrándome en el baño y fingiendo un mucho más común y menos preocupante problema de estómago.

Todo aquel remolino de pensamientos y emociones al que se unían aquellos incomprensibles síntomas físicos me hacía bastante difícil urdir un plan, por lo que decidí seguir aguantando encerrado en el aseo hasta vislumbrar una solución.

Entendí que el mejor remedio era esperar a que llegase alguno de mis hermanos (en aquellos tiempos no existían los teléfonos móviles) y pedirle que me acompañara al hospital para tratar aquel repentino ataque al corazón que, sin entender cómo, aún me veía capaz de aguantar.

Eterno fue el tiempo hasta que mis hermanas regresaron a casa. Cuando llegaron, sin hacer notar aquello que sentía —aunque las lágrimas de mi ojo derecho me impedían disimular—, les dije que me pasaba algo grave, que sentía que todo estaba terminando. Les expliqué que necesitaba que me acompañasen a urgencias lo antes posible y, pocos segundos después, ya estábamos de camino.

Al llegar a la recepción del hospital describí mis síntomas a la enfermera de turno para, minutos más tarde, comenzar a comprender la razón de por qué tantas personas se lamentaban del sistema sanitario español.

Me indignó observar que, ante síntomas que claramente podían certificar una sobredosis o un ataque al corazón, a la enfermera no se le ocurría otra cosa que mandarme a la sala de espera. No llegaba a comprender cómo podían hacerme esperar ante manifestaciones físicas tan alarmantes, así que hice mío el dicho de «¡Qué mal estábamos en España!».

Varios minutos después, todavía algo molesto por la —a mi modo de ver— espera innecesaria, la misma enfermera me indicó que podía pasar a filas: un médico me estaba esperando.

Tras entrar en la habitación que me indicaron, vi que me estaba esperando una doctora, inconfundible por su bata blanca y un pequeño aparato que yo ya conocía denominado estetoscopio. Comprender que iban a realizarme pruebas tan importantes con un objeto tan pequeño y a mi parecer del todo inútil para tratar el problema, ayudó a confirmar mi teoría sobre el sistema sanitario. Por fortuna, pronto advertí que la médica, al darse cuenta de que se disponía a tratar algo tan grave con un objeto tan simple y de que la situación podía ser más preocupante de lo que inicialmente había pensado, se ausentó un instante y regresó con un aparato mucho mayor y más adecuado para tratar mis síntomas: un electrocardiograma.

Supuse que, al observar que mi corazón no se andaba con bromas, habían decidido hacerme pruebas serias. Este cambio me ayudó a tranquilizarme.

Estaba seguro de que sufría algo grave, solo quedaba esperar los resultados. Sin embargo, el diagnóstico final me confirmaría que las sorpresas no habían hecho nada más que empezar...

Según la doctora, todo aquel jaleo interno, aquellas manifestaciones que parecían alejarme a cada segundo de la vida, esos latidos que propagaban los movimientos de mi corazón a la camilla en la que me encontraba tenían un nombre, un problema al parecer bastante común y que revestía poco o ningún peligro. Según su diagnóstico, no sufría nada serio, únicamente me había topado cara a cara por primera vez con algo desconocido para mí, un trastorno bastante habitual llamado ansiedad.

Recordaba haber oído hablar de este trastorno e incluso conocía a personas que lo padecían, pero consideraba, quizá por novato en estas lides, que aquello que yo sentía era algo mucho más grave. Estaba seguro de que existía algún error. Me daba la impresión de que la vida se me escapaba y en cambio aquellos médicos aludían a algo que yo consideraba sencillo, común y en apariencia poco peligroso, como era la ansiedad. Personalmente, no daba crédito a todo aquello.

La magnitud de mis sensaciones ayudó a que, al menos la doctora, comprendiese mis dificultades ante esta novedad, por lo que me recetó unas pastillas llamadas ansiolíticos que, según dijo, me ayudarían a conciliar el sueño y a sentirme mejor.

Incomprendido y seguro de padecer un problema mucho mayor que el diagnosticado, volví a casa con mis hermanas. Ignoraba que aquellos alarmantes síntomas me acompañarían durante muchos más días, semanas y meses, mucho más tiempo del que me imaginaba.

Fuera como fuese, algo en mi interior estaba cambiando. Y si el sistema sanitario no lo descubría, sería yo quien luchase por averiguar cuál era mi verdadero problema.

Comenzaba a vislumbrar la que sería mi mejor medicina. Sentía que estaba en riesgo mi supervivencia y una actitud luchadora nacía dentro de mí.

> **Haz crecer en ti una actitud luchadora
> ante las dificultades.**

2

La hipocondría, tu peor enemigo

Ligero se hace el peso que bien se lleva.

Ovidio

Aquel mismo día, volviendo del hospital, sin aceptar que mi problema pudiera ser algo tan simple como la ansiedad, expuse mi desacuerdo a mis hermanas. Les comenté que, según mi opinión, los médicos metían cualquier problema sin un diagnóstico preciso en un saco al que habían decidido poner un nombre y llamar ansiedad. Yo creía que padecía algo mucho más serio, aunque, para ser sincero, no sabía casi nada sobre esta enfermedad.

Entendía que la ansiedad era más bien algo mental que físico y sospechaba que los médicos evadían su responsabilidad ya que estaba seguro de que me sucedía algo realmente grave. Los síntomas eran claros y bastante llamativos: para empezar, jamás en mi vida había visto a nadie temblar al ritmo de los latidos de su corazón.

Aquel diagnóstico, lejos de tranquilizarme, provocaba todo lo contrario. El modo en que la médica quitó valor a mis problemas aludiendo a algo general como podía ser la ansiedad, me hizo pensar que el verdadero diagnóstico a lo mejor era mucho más grave. Llevaba ya varias horas con la vista empañada, una taquicardia descomunal y constante, sudores fríos y una sensación de que en cada instante podía perder el conocimiento y caer al suelo.

No sabía que a partir de aquel momento los días dejarían de ser días e incluso las noches dejarían de ser noches, al menos en el modo en que las conocía hasta entonces.

Ante tales síntomas, la vida se volvió mucho más complicada. Cada día que pasaba me daba más cuenta de la dificultad que tenía para realizar actividades que antes consideraba sencillas, ya que, sobresaltado ante la calidad y cualidad de mis síntomas, acaparaban toda mi atención. Y si los síntomas eran fastidiosos por el día, pronto comprendería que lo serían mucho más durante la noche...

Aquella primera noche, tras reconocer que, por extraño que pareciese, seguía vivo e incluso sentía sueño como cualquier otra noche, me dirigí a la cama para intentar descansar, con la esperanza de que aquellas insufribles sensaciones decidiesen también tomarse un descanso. No sabía que, al igual que mi cuerpo retumbaba al ritmo de los latidos del corazón, también lo haría mi cama; tampoco sabía que a los vértigos, sudores, pensamientos, respiración entrecortada y al resto de síntomas que entonces sufría, también les gustaría acompañarme mientras dormía.

Sabiendo que debía seguir llevando una vida «aparentemente normal» y que al día siguiente tocaba ir a la universidad, y entendiendo que me iba a ser imposible dormir, acepté hacer uso de aquellas pastillas que la doctora me había recetado.

A partir de aquel día, las noches de sueño reparador, aquella placidez que tanto te cuesta abandonar al despertar, esa calma, el calor o el reseteo mental, o sea, todo aquello que asociaba con dormir, había desaparecido. Las noches tal vez eran más difíciles que los días, ya que en la oscuridad estaba solo por completo. Mis noches las formábamos yo, mis síntomas y aquella impotencia que comencé a sentir al darme cuenta de que estos no desaparecían sino que, al contrario, se hacían más fuertes.

Durante varios meses difícilmente conseguiría conciliar el sueño y, cuando lo consiguiera, ni siquiera me daría cuenta; puedes imaginar el agotamiento físico y mental que esto provoca.

Sudores fríos, palpitaciones, vahídos, unidos al temblor provocado por los latidos de mi corazón, que movían todo a mi alrededor haciéndome recordar la película de *El exorcista*, pesadillas despierto, ataques al corazón constantes, pensamientos cíclicos que no llevaban a ninguna solución sino a la locura, una preocupación enloquecedora atenuada con el aumento de mis síntomas en la soledad de mis sueños, en esto (y seguramente muchas dificultades más) se habían convertido mis noches.

Todo empezó el día en que decidí jugar con algunas drogas. Reconozco que, aunque aquella etapa no duró mucho tiempo y fue un acercamiento bastante ligero, las drogas tenían mucho que ver con ese nuevo yo en el que me había convertido.

Pocos meses antes, uno de mis amigos, concretamente el empollón del grupo, comenzó a probar y a consumir speed los fines de semana, y tanto yo como el resto de los amigos intentamos comprender los motivos del mejor modo que entendíamos posible: probándolo también.

Sin llegar a ser dependientes ni utilizar aquella droga para otros fines que no fueran ligar los fines de semana, aquella sustancia pasó a formar parte de mi tiempo libre durante los dos meses previos a la visita al hospital.

Recuerdo que la primera vez que lo probé me sorprendieron gratamente sus efectos.

Era verano y trabajaba entre semana para sacar algo de dinero y poder pagar algunos de mis gastos. Como se trataba de un trabajo muy físico, al llegar el viernes me faltaban energías tanto físicas como mentales para divertirme del modo en que en aquellos tiempos me gustaba hacerlo.

Aquel primer tiro me provocó un subidón de energía que jamás había experimentado antes con nada natural, una energía que me hacía sentir no solo más fuerte físicamente sino, sobre todo, más ágil mentalmente.

En aquellos tiempos, mi principal objetivo los fines de semana era uno y bien sencillo, ligar, y aquella sustancia hacía que me sintiera un perfecto cazador. Satisfecho con el resultado, seguí tonteando cuando se presentaba la ocasión. Pero el tonteo tendría fecha de caducidad, ya que tanto yo como alguno de mis amigos comenzamos a sentir ciertos efectos que no nos gustaron.

Durante esta etapa, varias cosas me hicieron comprender que me estaba equivocando. Una de las que peor me hacían sentir era el frecuentar bares o discotecas llenas de gente dependiente; lo eran tanto que comenzaban la fiesta un jueves por la mañana para terminarla un domingo por la noche. Aquella superficialidad, aquel maltratar el cuerpo de un modo tan tonto para obtener a cambio tan poco, además de ver y reconocer que mucha gente estaba literalmente colgada, me daba a entender que todo aquello, aparte de ser peligroso, no iba conmigo.

Por fortuna, los efectos nocivos de aquel período de mi vida comenzaron a llegar. A un amigo debieron trasladarlo en ambulancia a causa de una fuerte taquicardia y otro sufrió un problema que —más tarde comprendí— era muy parecido a ese primer diagnóstico que a mí tanto me costaría aceptar.

En mi caso, ese gran cambio en mi vida llamado ansiedad marcó un antes y un después en mi juego con las drogas.

Dado lo reciente de aquel período, entendí que las drogas tenían mucho que ver con mis nuevos síntomas y, como no quería que mis padres me considerasen un yonki desmadrado, intenté llevar la cosa en silencio lo mejor que supe.

Pasaban los días y no apreciaba mejora alguna, sentía que mi vida había cambiado para siempre y me resultaba difícil hablar de ello con nadie. Intentaba disimular aquella orquesta sinfónica en que se había convertido mi cuerpo y, ayudado de ese instinto luchador que nació en mí cuando sentí necesario descubrir la verdad sobre mi enfermedad (y no aquella que me habían diagnosticado), me dispuse a enfrentarme a mi nuevo problema en solitario.

Mi primera necesidad pasaba por descubrir cuál era mi verdadero diagnóstico, ya que no aceptaba aquel que me habían dictaminado. Seguro como estaba del fallo, comencé a investigar por mi cuenta, un grave error que pronto se convertiría en una gran lección.

Por entonces internet no funcionaba como hoy lo conocemos: la información era mucho menor, mucho más pesada y difícil de encontrar. Lo más parecido a Google se llamaba biblioteca, y sería allí donde pasaría un buen número de tardes investigando.

Quien me conociese debía de suponer que estaba enloqueciendo, no tanto por mis nuevos rasgos físicos, como aquellos ojos como platos, sino por no entender un cambio tan radical en mis costumbres. Nunca había sido muy asiduo a las bibliotecas. En cambio, ese nuevo yo se había convertido en uno de sus mejores y más frecuentes socios.

Empecé a centrar mis investigaciones en los síntomas que más me preocupaban: el corazón, los vértigos y esa especie de vista nublada que me acompañaba con cada abrir de ojos. Tras hojear libros y más libros y hacerme una idea de aquello que podía estar sucediéndome, comencé a valorar dos terribles posibilidades: problemas del corazón o cáncer.

Investigando sobre el corazón, empecé a recopilar información asociada a problemas cardíacos, de modo que me observaba y estudiaba constantemente para descubrir cualquier síntoma que me ayudara a reconocer esa grave enfermedad que estaba padeciendo.

Cada día me sentía peor. No encontraba ninguna enfermedad cardíaca que justificase la gran cantidad y diversidad de síntomas que tenía.

Era evidente que el corazón, aun actuando de un modo nuevo y desconocido, no fallaba, por lo que comencé a investigar la otra posibilidad que más me preocupaba, y obtuve los mismos resultados.

Pasaban los días y me daba cuenta de que ninguna enfermedad reunía tantos y tan diferentes síntomas como los que yo presentaba. Poco a poco llegué a la conclusión de que mis investigaciones no daban ningún fruto y, lo que es peor, que investigando y observando diferentes enfermedades e intentando descubrirlas dentro de mí, cada vez me sentía peor: aquella introspección sin rumbo ni sentido no hacía otra cosa que empeorar mi verdadero problema.

Mentalmente la cosa tampoco estaba mejorando. Pensamientos cíclicos y sin sentido que no me llevaban a ninguna parte me indicaban que podía estar comenzando a perder la razón.

Con el tiempo, este último pensamiento era el que más me aterraba. No era el cáncer o una posible enfermedad cardíaca el peor de mis temores, sino haber perdido o estar perdiendo la razón.

La locura me preocupaba porque reconocía que uno de los efectos directos de «tontear» con las drogas, una de las secuelas más conocidas, aparte del morir por sobredosis (cosa que aún no había sucedido), era la locura, y ante aquellos síntomas tan misteriosos y un cambio tan radical en mi vida, me sentía de todo menos normal.

Siempre he creído que la locura es algo a lo que nadie

puede escapar, algo que puede presentarse ante cualquiera, y aquellos días pensaba que tal vez ese algo estaba naciendo dentro de mí, ya que era incapaz de controlar mi mente. Para mí, estar loco era lo mismo que estar muerto, porque no ser consciente de lo que estás viviendo es lo mismo que no vivirlo.

Aquel hacer de médico de mí mismo intentando estar alerta y dar sentido a cada uno de mis síntomas había dado lugar a que la hipocondría fuese en aumento, y a raíz de esta hipocondría, unida a mi temor a la locura, decidí que debía abandonar mis investigaciones y buscar otro tipo de ayuda más sano.

Sin darme cuenta había cometido el peor de los errores para enfrentarme a mi problema, problema que —pronto lo descubriría— no era otro que aquel primer diagnóstico que no había querido aceptar ni tampoco investigar.

Tratar de combatir la ansiedad creyendo que padecemos otras enfermedades, centrándonos y exagerando la potencialidad de nuestros síntomas, es lo mismo que intentar salir de una habitación llena de trampas caminando a oscuras. Con cada paso que das, lo único que consigues es hacerte más y más daño. La mejor solución al problema, y la única, es encontrar algo de luz para descubrir la puerta que finalmente te permita escapar de esa trampa en la que estás metido.

Tomar la decisión de buscar ayuda no fue fácil. Sin embargo, ante el angustioso temor de perder la cabeza y reconociendo los pocos frutos de tantos pasos a ciegas, no encontraba nada más importante en aquellos momentos que mantenerme vivo y cuerdo, y con el temor de que mis padres llegasen a descubrir alguna de las causas de mi estado, hablé con ellos y les comenté que necesitaba un psicólogo.

Tras varios meses acompañado de un sufrimiento aparentemente sin sentido, sin darme cuenta aún, acababa de tomar la mejor decisión para superar aquel problema, una decisión que haría que las cosas empezasen a cambiar para por fin atisbar algo de luz ante tanta oscuridad.

Para explicar la importancia de buscar esa luz capaz de ayudarnos a solucionar nuestros problemas, voy a utilizar una experiencia en la que ir a ciegas estuvo a punto de provocarme grandes quebraderos de cabeza...

2.1. La importancia de comenzar a ver la luz

> Da luz y la oscuridad desaparecerá por sí misma.
>
> ERASMO DE ROTTERDAM

Si superas la ansiedad como trato de ayudarte a comprender con este libro, te darás cuenta de que enfrentarte a este problema puede hacer nacer una nueva y mejor versión de ti mismo, convirtiéndote en alguien mucho más tenaz de lo que creías posible. Así me ocurrió a mí y así te ocurrirá a ti (si quieres) antes de lo que imaginas.

Tras superar aquel difícil y desconocido problema y sentirme más fuerte que nunca, comprendí que mi vida necesitaba nuevos desafíos. En aquellos tiempos existía un lugar en el mundo que deseaba conocer y, ayudado de renovadas energías, intenté crear una nueva realidad volando hacia ella. Pocos meses más tarde me encontraba en el aeropuerto esperando un avión rumbo a ese sueño, camino de la Ciudad Eterna, destino Roma.

Enamorado de las posibilidades de conocer y descubrir los secretos ocultos en la —a mi modo de ver— ciudad más misteriosa del mundo, busqué y encontré el modo de hacer realidad esta experiencia y, una vez allí, me enamoré tanto de la ciudad y de sus gentes que me costó más de nueve años terminar una etapa que inicialmente no debía haber durado más de cuatro meses.

Tras varios años en la *caputmundi*, comencé a observar que cada dos o tres años una necesidad interna me pedía cambiar de casa; ya fuera por comodidad, amistades o necesidades de cambio, llegaba un momento en que tocaba preparar la mudanza y aventurarse a conocer otras realidades.

Fue en uno de estos períodos cuando un amigo del trabajo me comentó la posibilidad de alquilar una habitación muy cerca del Vaticano. Días más tarde, tras visitar la casa y animado ante la belleza del piso y de la zona, me trasladaría a la que pronto se convertiría en mi nueva morada.

Un día después de realizar la mudanza al nuevo piso, mi amigo romano Mattiacci me convenció (debo decir que era bastante fácil conseguirlo) para salir de fiesta. En aquellos años trabajaba en la universidad y, si te digo que lo normal era salir de juerga cuatro días por semana, tal vez me quedo corto...

Apenas conocía bien la casa y durante la fiesta pillé una gran melopea. Estos dos ingredientes harían de aquella noche algo bastante extraordinario. A la resaca le acompañó la vergüenza al recordar cómo había terminado la noche. Muchas fiestas se llevan consigo gran cantidad de recuerdos, pero aquella no, al menos en el lapso de tiempo entre llegar a casa y meterme en mi cama. Aquellos instantes se grabarían a fuego en mi memoria...

Recuerdo que al llegar al portal de mi nueva vivienda sentí unas ganas terribles de ir al baño, de modo que subí las escaleras lo más rápido que pude y (siempre pasa lo mismo) aguanté hasta meter las llaves en la cerradura de la puerta. Llegados a este punto, nuestro cerebro nos avisa de la cercanía del baño, por lo que inconscientemente bajamos la guardia y apenas podemos retener los fluidos, así que, tras abrir la puerta, *¡tocaba correr!*

A toda prisa y en una casa aún desconocida para mí, me costaba recordar dónde se encontraban las luces. Lo que sí sabía era que a la mitad del pasillo se encontraba el baño, por lo que a oscuras me dirigí rápido hacia allí.

Cuando llegué al fin a lo que suponía que era el baño, abrí la puerta y busqué las luces. Según recordaba, el interruptor se encontraba dentro, a la derecha de la puerta, pero, incomprensiblemente, no estaba allí. No le di mucha importancia, ya que, al ser un nuevo inquilino, había utilizado una o dos veces aquel baño y podía equivocarme o recordar mal la ubicación de algunas cosas.

Como era prioritario soltar aquellos líquidos que amenazaban con salir, una vez más decidí recorrer a oscuras el camino entre la puerta y la taza.

Mi cerebro calculó «a ojo» cuál podía ser la distancia, así que giré a la derecha unos pasos más adelante, donde se suponía que debía estar la taza, para empezar a buscarla a tientas con las manos. Mis extremidades comenzaron a palpar en búsqueda de tan preciado objeto en el que hacer mis necesidades. No aguantaba más y, por extraño que pareciese, el inodoro, del mismo modo que había sucedido con las luces, tampoco se encontraba donde debía.

Ante la inminencia de una fuga incontrolada, mi cabeza realizó una sencilla, a la vez que rápida, observación. La razón me decía: «puede que te hayas equivocado de lado». Gracias a este razonamiento, giré rápidamente mi cuerpo 180 grados para intentar localizar la cada vez más preciada taza del váter.

No la encontré, pero en la casi completa oscuridad mis ojos distinguieron un objeto de un blanco resplandeciente que me daba a entender que mi organismo podría descargar tan pesada carga y conseguir la ansiada paz. Había llegado el momento de bajar la bragueta del pantalón: la tan deseada taza de un blanco resplandeciente se encontraba al fin frente a mí.

De pie, con la bragueta bajada e intentando apuntar hacia ese blanco tan preciado, oí una voz detrás de mí, que me trasladó a una nueva realidad: mi compañera de piso repetía mi nombre una y otra vez, con la voz ligeramente tomada a causa del sueño.

Mi lógica decía que estaba en el baño, así que no comprendía qué hacía ella en lo que, a mi entender (según la procedencia de las voces) era la bañera. Mi primer pensamiento fue: «¿Qué demonios hace mi compañera de piso durmiendo en la bañera?». No lo podía entender pero, por si acaso, decidí subirme la cremallera para esconder mis partes, a la vez que intentaba dar algo de sentido a todo aquello.

En pocos instantes, dentro de mi cabeza, se hizo la luz...

Desconocedor como era de aquel reciente territorio que era mi nueva casa y seguro como estaba de que no existía una persona en el mundo capaz de utilizar una bañera a modo de colchón, entendí que aquello no era el cuarto de baño sino la habitación de mi compañera de apartamento Ioana. Acababa de cometer uno de los errores más garrafales a la vez que divertidos de mi existencia.

Ante tal descubrimiento, sin entender del todo cómo había podido equivocarme y guiado casi exclusivamente por aquella cuestión de vida o muerte en que se había convertido mi necesidad biológica, consideré secundaria la deferencia de dar explicaciones por mi error, ya que no habría estado bien visto hacer las dos cosas a la vez y ya no aguantaba más.

Velozmente y sin decir palabra, salí de la habitación y me dirigí a la de al lado. Allí la luz estaba en su sitio, la bañera e incluso el objeto más buscado, la taza, se hallaban justo donde las recordaba. Por fin había llegado al baño.

Tras disfrutar de tan ansiada paz, ver la hora y darme cuenta de mi tremendo error, no encontré mejor solución que dirigirme a mi cuarto a dormir la mona: ya pensaría al día siguiente el modo de explicar a mi compañera (que apenas conocía) la razón de mi despistado intento de orinar en su habitación.

Al día siguiente al despertar, lo recordé todo y una profunda vergüenza me envolvió: había llegado el momento de pedir disculpas. Afortunadamente, tras una agradable conversación comprendí que el preciado objeto que había confundido con el inodoro no era otra cosa que el libro de Derecho Jurídico de Ioana, un libro de lomo blanco, resplandeciente como la porcelana a la luz de la luna.

Por suerte, gracias en parte al buen humor de mi compañera, aquel incidente me hizo comprender mi gran error y no dejó de convertirse en una graciosa anécdota, aunque sé que, de haber meado en su libro, las cosas habrían cambiado mucho. Pensé que habría sido aún peor si por cualquier motivo se me hubiese ocurrido darme una ducha, y este pensamiento me ayudó a relativizar el problema haciendo aparecer una leve sonrisa en mi rostro.

El mensaje que aporta la anécdota podría ser este: ante las necesidades internas de recuperar la calma, necesitamos una luz, una señal, un orden. De no ser así, el cerebro puede jugarnos malas pasadas, podemos buscar donde no debemos y acabar meando fuera de la taza o, lo que es peor, en el libro de Derecho de nuestra compañera, o quizá pisándola, lo que no haría sino agravar aún más el problema.

Con la ansiedad sucede lo mismo: necesitamos situarnos en el camino correcto, buscar y encender la luz y observar bien cuál es la taza, el camino, la meta, y cuáles son nuestras necesidades.

No debemos asociar lo que nos ocurre con aquello que deducimos haciendo de médicos de nosotros mismos, pues del mismo modo que me sucedió a mí, podríamos equivocarnos de habitación y cometer un grave error que, lejos de ayudarnos a llevar una vida mejor, nos aleje de ella. Ante el inicialmente desconocido problema, aquella decisión de buscar ayuda sería la luz que, poco a poco, me ayudaría a encontrar la meta, a soltar aquello que me hacía estar tan mal, a descargar y volver a encontrar el equilibrio perdido, la paz, tan necesaria a veces en el camino que es la vida.

Todo comenzaría con un primer paso: entrar en la habitación correcta, olvidar otras posibles enfermedades y dejar de lado la locura para centrarme y entender qué era realmente la ansiedad, comprendiendo que aquello que sufría no podía llamarse de otra manera.

Si estás dispuesto a ver y aceptar la realidad, a comprender y asegurar que lo tuyo es ansiedad, observarás que el camino hacia la solución es mucho más fácil. **Con un orden, tu vida empezará a cambiar.**

Tal vez también te cueste aceptar que tu problema real se resuma en algo tan aparentemente simple como puede ser la ansiedad. Tal vez creas conocer cuál es el motivo o eches la vista al pasado o a algún problema personal que te ayude a creer que tu trastorno es bien distinto. Tal vez, y esto es lo más importante, desconozcas qué es de hecho la ansiedad y no te has planteado siquiera la posibilidad de conocer y comprender su verdadero significado.

Te animo y aconsejo a que cambies de perspectiva. Intentaré ayudarte a comprender qué es realmente este trastorno y, estoy seguro, pronto descubrirás que no puede ser otro. Te ayudaré a comprobar que no existe otra enfermedad que englobe tantos y tan diferentes síntomas como los que hoy padeces. Y en cuanto comiences a aceptar esta realidad, habrás dado un paso de gigante hacia tu completa recuperación.

> **Para resolver cualquier conflicto necesitamos orden y claridad, encender la luz que nos devolverá a la realidad.**

3

El primer gran paso: aceptar la ansiedad

No es lo que nos ocurre lo que nos hace sufrir, sino aquello que nos decimos a nosotros mismos acerca de lo que nos ocurre.

EPICTETO

En mi vida he recurrido a tres psicólogos. Considero que es mucho más fácil ser objetivo con otra persona que con uno mismo y por ello entiendo que buscar ayuda o consejo fuera cuando no lo encuentras dentro puede ser una solución inteligente y valiente. Sin embargo, como nuestra salud es un tema importante, no vale cualquier ayuda, sino que es necesario encontrar a quien de verdad pueda, sepa y quiera ayudarnos.

De los tres psicólogos que he visitado, puedo asegurar que dos no me ayudaron lo más mínimo.

Uno se empeñaba en observarme y escuchar mientras sus gestos cambiaban a cada palabra que yo pronunciaba. Buscaba las causas en mi pasado, pero del presente no quería saber nada. Al no notar cambio alguno y comprender que no solo perdía mi tiempo sino también mi dinero, decidí dejarlo.

El otro que tampoco me aclaró las ideas no solo se limitaba a escarbar en mi niñez, sino que iba mucho más allá: intentaba conocer la niñez de mis bisabuelos y tatarabuelos. Estaba convencido de que mis conflictos internos tenían raíces muy lejanas, tanto que creyó haberlas descubierto en un tatarabuelo que las tropas franquistas habían fusilado hacía tantísimos años. Consideré que aquel psicólogo estaba bastante más ido que yo, así que, pensando en mantener intacta mi salud mental y en alejarme de taras desconocidas hasta el momento, me despedí de él para siempre.

Hubo un psicólogo que sí me ayudó, y mucho, uno que me supo comprender y animó a superar una de las etapas más complicadas de mi juventud, una persona que me llevó a ver la luz y a ponerme manos a la obra, alguien que me empujaría a tomar el camino correcto para acabar con ese desconocido trastorno llamado ansiedad. Para que la lectura resulte más sencilla lo llamaré «P».

P era un psicólogo de la Seguridad Social, no un profesional de cincuenta o más euros la hora. Tenía seguramente un sueldo fijo y tal vez por eso no necesitaba alargar más de la cuenta ningún tratamiento. P mostraba una clara empatía, iba directo al grano, se ponía en tu lugar y buscaba el mejor modo de ayudarte. Si veía que tenías prisa, te hacía comprender que todo lleva su tiempo pero insistía en que nos pondríamos a trabajar lo antes posible. Por suerte, P no necesitaba remover pasados ni historias de tatarabuelos; sabía lo que se llevaba entre manos, y además lo sabía muy bien...

Si crees que necesitas ayuda para comprender y superar la ansiedad escuchando a alguien que sabe de qué habla, te recomiendo que busques un psicólogo de un centro de salud o un psicólogo con buenas referencias, alguien que de verdad se centre en ayudarte sin pensar en alargar tu tiempo de recuperación para incrementar sus beneficios. Te recomiendo profesionales que fundamenten la terapia en tu acción: no hay necesidad de escarbar demasiado en tu pasado, sino de cambiar esas pequeñas cosas que seguramente desconoces, alguna de las cuales, en lo referente al problema que aquí tratamos, espero ayudarte a conocer.

P me ayudó a superar la ansiedad del modo más sencillo y eficaz posible. Nunca con medicinas, visitas al pasado o terapias de choque. P sabía lo que yo necesitaba, comprendía que lo primero y esencial era que me diera cuenta de lo que me sucedía, es decir, que entendiera qué era la ansiedad y que aquellos síntomas que padecía no pertenecían a ningún otro grupo de enfermedades, y menos, a las terminales. P fue determinante para redirigir mi vida y comenzar a sentir de nuevo el equilibrio necesario para superar aquel doloroso y atormentado trastorno que se me había presentado.

P me indicó el camino, me explicó que ante todo debía aceptar que aquello que sentía solo tenía un nombre, para a continuación mirar dentro de mí y observar cuáles eran mis síntomas y cuándo y por qué se sucedían. También me aclaró que uno de los caminos más rápidos hacia la locura era hacer de médico de uno mismo en el tiempo libre: asociar cualquier síntoma a otra enfermedad no haría sino generar más ansiedad, con todo lo que ello conlleva. Me hizo entender que la base para dejar de sufrir pasaba simplemente por aceptar y reconocer cuál era el verdadero problema, para a continuación comprender cómo podría superarlo.

Partiendo de este punto, todo empezaría a cambiar. P me proporcionaría las bases para comprender qué era la ansiedad y por qué razón la padecía.

Para que me fiase de su teoría, me regaló un libro cuyo título olvidé, de tan centrado como estaba en su lectura. Un escrito que no dejaba lugar a dudas, un texto que certificaba que mis síntomas encajaban con aquel primer diagnóstico que tanto me había costado aceptar.

Mis síntomas y aquel nuevo compañero en forma de libro contribuirían a dar forma a la mejor terapia, me ayudarían a entender que todo aquello que sufría no apuntaba a una enfermedad terminal y que, por otra parte, existía una cura.

Tras aceptarlo, y mucho más animado, me adentraría en aquellas palabras de sana redacción para, en poco tiempo, descubrir información que inundaría de luz mi camino: una lista concreta que enumeraba todos y cada uno de los síntomas de la ansiedad. Al darme cuenta de que no existía ninguna otra dolencia que englobase aquellas molestas manifestaciones físicas, comprendí cuál era mi verdadero y único problema y acepté la ansiedad. A partir de aquí, todo empezaba a cambiar.

Reconocer que tu problema tiene un nombre, definirlo y saber que no se trata de un mal terminal hace que tu preocupación y tus síntomas se relativicen y disminuyan de inmediato. La base para dejar de sufrir innecesariamente está en reconocer cuál es tu problema y asegurarte de que no perderás la cabeza, y mucho menos la vida, para, llegado a este punto, recuperar la calma y poder pasar a la acción.

Si quieres empezar a sentirte mejor, haz lo mismo. Te facilitaré un listado con los síntomas de la ansiedad para que veas que muchos de los que —seguro— padeces están ahí.

Comprenderás entonces que es imposible que exista una enfermedad que englobe tantas y tan distintas manifestaciones. Esta constatación debe ser suficiente para descartar otras posibilidades y acabar con la hipocondría, uno de los peores enemigos de cara a tu recuperación. Aquí tienes tu primer gran paso.

Descarta, ayúdate y entiende que lo que sufres tiene un nombre. Y, sobre todo, anímate y reconoce que por esto no se muere. Existe cura, una salida que pronto harás tuya. No es el fin del mundo, sino el comienzo de una nueva etapa que puede convertirte en una persona mucho más fuerte.

Este libro trata de ayudarte a comprender esta teoría, una teoría que te aseguro que es cierta: tanto para mí como para ti o como para cualquier otra persona, reconocer esta realidad es la primera acción que te procurará la vuelta a la calma. Poco a poco sentirás cómo la ansiedad ya definida en tu interior y tu paso a la acción traerán consigo muchos y muy buenos beneficios.

Al eliminar la posibilidad de una muerte cercana y de una locura inminente, recuperé algo de paz. Los nuevos conocimientos que P y el libro me transmitieron me estaban indicando cuál era el camino a seguir.

3.1. Los síntomas de la ansiedad

> Un viaje de mil millas comienza con un primer paso.
>
> LAO TSE

En el libro que me regaló P, y que se convirtió en mi guía, se resumían muchos de los síntomas de la ansiedad. Estos se dividían más o menos de este modo:

- *Síntomas físicos:* Taquicardia, palpitaciones, opresión en el pecho, falta de aire, temblores, sudoración, molestias digestivas, náuseas, vómitos, «nudo» en el estómago, alteraciones de la alimentación, tensión y rigidez muscular, cansancio, hormigueo, sensación de mareo e inestabilidad. Si la activación neurofisiológica es muy alta, pueden aparecer alteraciones del sueño, de la alimentación y de la respuesta sexual.
- *Síntomas psicológicos:* Inquietud, agobio, sensación de

amenaza o peligro, ganas de huir o atacar, inseguridad, sensación de vacío, extrañeza o despersonalización, temor a perder el control, recelos, sospechas, incertidumbre, dificultad para tomar decisiones, temor a la muerte, a la locura o al suicidio.

- *Síntomas de conducta:* Estado de alerta e hipervigilancia, bloqueos, torpeza o dificultad para actuar, impulsividad, inquietud motora, dificultad para estarse quieto y en reposo. Estos síntomas vienen acompañados de cambios en la expresividad y lenguaje corporal como posturas cerradas, rigidez, movimientos torpes de manos y brazos, tensión de las mandíbulas, cambios en la voz, expresión facial de asombro, duda o crispación. La persona está alerta.

- *Intelectuales o cognitivos:* Dificultades de atención, concentración y memoria, aumento de los despistes y descuidos, preocupación excesiva, expectativas negativas, rumiación, pensamientos distorsionados e inoportunos, incremento de las dudas y la sensación de confusión, tendencia a recordar sobre todo cosas desagradables, sobrevaloración de pequeños detalles desfavorables, abuso de la prevención y de la sospecha, interpretaciones inadecuadas, susceptibilidad...

- *Sociales:* Irritabilidad, ensimismamiento, dificultades para iniciar o seguir una conversación en unos casos y verborrea en otros, bloquearse o quedarse en blanco a la hora de preguntar o responder, dificultades para expresar las propias opiniones o hacer valer los propios derechos, temor excesivo a posibles conflictos...

En el manual se explicaba que no todas las personas tienen los mismos síntomas ni estos la misma intensidad; cada ser humano es un mundo aparte.

Llegados a este punto, me gustaría que observaras una cosa: **¿Cuántos de los síntomas indicados estás padeciendo?**

Seguramente más de uno.

Ahora te plantearé una cuestión aún más importante, a la que espero que respondas con un sí: **¿Puedes aceptar que únicamente sufres ansiedad y eliminar otras posibilidades?** **¿Puedes aceptar que no existe otra enfermedad que englobe tantos y tan diferentes síntomas?**

Si a esta última pregunta has contestado con un «no», te recomiendo que vuelvas al inicio del capítulo a la vez que observas de nuevo cuáles son tus síntomas. Si no las tienes todas contigo, te animo a que intentes encontrar cualquier otra enfermedad que englobe todos y cada uno de tus síntomas. Estoy seguro de que, por mucho que investigues, nunca la hallarás.

Antes de seguir leyendo es importantísimo que hayas entendido esta primera lección:

Sufres ansiedad, nada más.

Es importante que interiorices esta verdad para seguir el camino que estamos recorriendo juntos. Si crees o quieres continuar creyendo que tu problema es otro, por muchas acciones que decidas emprender, ninguna te devolverá la calma.

Cada persona, según su predisposición biológica y/o psicológica, se muestra más vulnerable o susceptible a unos u otros síntomas. Lo que me ayudó a entender P, aunque no lo decía el libro, es que no existe una enfermedad que agrupe tantos y tan diferentes síntomas; la única capaz de causar sintomatologías tan variadas era aquella a la que me estaba enfrentando, la ansiedad. No sufría ningún mal mortal ni me estaba volviendo loco, ya que dicho trastorno contemplaba un gran número de manifestaciones psicológicas, como podía ser la creencia de acercarse a la locura.

En el momento en que acepté esta realidad, me centré en el camino que debía recorrer y dejé de malgastar energías en tareas o investigaciones sin sentido. En cuanto tú hagas lo mismo, tu vida empezará a cambiar.

Reconocer esta gran verdad me hizo recuperar la alegría para, una vez más animado, continuar el camino hacia esa luz, ese final del túnel que me devolvería a la vida.

Aunque me costaba aceptarlo, me daba cuenta de que tanto P como los médicos que me realizaron aquel primer diagnóstico tenían razón. Observando esta nueva realidad, intenté reconocer mis síntomas y, ayudándome de la lista anterior, subrayé aquellos que yo padecía hasta quedarme con una lista más o menos así:

- *Físicos:* Taquicardia, palpitaciones, opresión en el pecho, falta de aire, temblores, sudoración, tensión y rigidez muscular, cansancio, hormigueo, sensación de mareo e inestabilidad. Alteraciones del sueño y seguramente, aunque no lo recuerdo bien, de la respuesta sexual.

- *Psicológicos:* Inquietud, agobio, sensación de amenaza o peligro, ganas de huir o atacar, inseguridad, sensación de vacío, sensación de extrañeza, temor a perder el control, incertidumbre. Miedo a volverme loco y a la muerte.
- *De conducta:* Estado de alerta e hipervigilancia, bloqueos, torpeza o dificultad para actuar, impulsividad (sobre todo al comer), inquietud motora, dificultad para estarse quieto y en reposo.
- *Intelectuales o cognitivos:* Dificultades de atención, concentración y aumento de los despistes y descuidos, preocupación excesiva, expectativas negativas, rumiación (pensamientos cíclicos), pensamientos distorsionados e inoportunos, incremento de las dudas y la sensación de confusión, tendencia a recordar sobre todo cosas desagradables, sobrevaloración de pequeños detalles desfavorables, abuso de la prevención y de la sospecha, interpretaciones inadecuadas, susceptibilidad.
- *Sociales:* Irritabilidad, ensimismamiento, dificultades para iniciar o seguir una conversación, bloquearse o quedarse en blanco a la hora de preguntar o responder (debido sobre todo a que tenía una preocupación mayor en mente: controlar mis síntomas).

Muchos eran mis síntomas, casi todos los de la lista, por lo que sentía que me estaba convirtiendo en un completo desastre, tanto que me llamó la atención una experiencia vivida.

Como explicaba al inicio de este libro, cuando convivía con la ansiedad, el duende que día a día me abordaba, estudiaba Ingeniería Informática. Entre las muchas asignaturas que cursaba, había una llamada Compiladores que me parecía demasiado complicada, no me gustaba en absoluto y, a mi entender, carecía de utilidad práctica. Sin embargo, poco importaba mi opinión, ya que para conseguir el título debía aprobarla.

Tras suspenderla en tres convocatorias, comencé a sentir la necesidad vital de quitármela de encima de una vez por todas. Consciente de que en aquellos tiempos (en gran parte debido a mi problema con la ansiedad) no socializaba demasiado, me centré en hacer bien aquel examen y eliminar ese problema del saco de problemas que arrastraba.

Con esta prioridad como nueva meta, pasé varios días estudiando junto a un amigo de la universidad. Al ser un examen repleto de ejercicios, mi amigo utilizaba una técnica para ahorrar papel realizando diferentes ejercicios sobre una misma hoja; su recurso se basaba en usar lápiz y goma para, tras comprobar el resultado del ejercicio, borrarlo y utilizar la misma hoja para uno nuevo.

Como muchas veces he sido algo superficial, suelo pensar mucho en la necesidad de aprender a ser más ético, así que pensé que aquella técnica podía tener sentido y la adopté hasta tal punto que también yo la utilizaba de forma mecánica.

Tras estudiar concienzudamente y realizar una cantidad ingente de ejercicios, me sentí preparado, así que, bastante confiado ante mis opciones, me presenté al examen con mi lápiz y mi goma de borrar; los folios, esta vez, los pondría el profesor.

Salí bastante contento del examen y, para asegurar del todo esa sonrisa que dibujaba mi rostro, comparé los resultados con algunos de mis compañeros que se reunían a la salida; la mayoría de las respuestas coincidían, por lo que estaba seguro de haberme quitado finalmente aquel muerto de encima.

Cuál sería mi sorpresa cuando, días después, al consultar las notas en el tablón de exámenes, vi que había sacado un uno sobre diez. Había vuelto a suspender, pero no daba crédito a ese mísero e injusto resultado. Convencido de que existía algún error, me dispuse a impugnar el ejercicio y pedí cita con el profesor para revisar la nota.

Días más tarde acudí a la revisión, seguro de luchar contra una injusticia, pero en cuanto comprobé mi examen, me quedé sin palabras. Jamás hubiera imaginado ver aquello que vieron mis ojos, y menos aún que el autor hubiera sido yo...

Las hojas de respuesta de mi examen no eran más que un sinfín de números, fórmulas, resultados y garabatos sin sentido: todo estaba... ¡completamente borroso!

Borroso porque yo mismo había borrado todas las respuestas utilizando mi técnica de ahorro de folios, para realizar uno sobre otro los diferentes ejercicios.

Avergonzado, comprendí que el profesor no tenía culpa alguna y que no había por donde rascar, así que agradecí la imaginación del maestro por haberme puntuado tan generosamente ante aquel conjunto de borrones sin sentido, pedí disculpas y le expliqué que mi técnica, unida a mi preocupación, me habían jugado una mala pasada

Tocaba volver a estudiar aquel infierno de asignatura, pero una cosa era segura: la próxima vez *¡usaría bolígrafo!*

Aquel fue un ejemplo, como tantos otros, de que mi excesiva preocupación, el desmesurado pensar y observar aquellas sensaciones que me invadían, no hacía sino alejarme de la vida y del presente. Debía atacar mis síntomas, necesitaba volver a la vida.

Tras tomar conciencia de que aquello que sufría tenía nombre y reconocer que la ansiedad englobaba todos y cada uno de mis síntomas (incluida la creencia de que estaba volviéndome loco), comprendí que acababa de entrar en el justo sendero para volver a tomar el control de mi vida.

Para recuperar el equilibrio que tanto ansiaba, la única solución posible era seguir investigando (esta vez siguiendo el consejo de P) cuáles eran las causas de aquella enfermedad. Cada vez lo veía todo más claro, y en breve aprendería una palabra nueva, desconocida hasta el momento, que daría más sentido a la realidad de aquellos días.

> **Emprende el camino correcto. No intentes hacer de médico creando posibilidades que no existen.**

3.2. El desequilibrio y la homeóstasis

> El corazón tiene razones que la razón desconoce.
>
> BLAISE PASCAL

Pronto descubriría que la ansiedad —o más bien mis ganas de dejarla atrás— traería consigo nuevos aprendizajes, útiles también para la vida.

Averiguaría que gracias a este trastorno aprendería a conocerme mejor, a saber elegir tanto lo que me metía en el cuerpo como aquello que me rodeaba, a la vez que utilizaba herramientas y técnicas para mantener el control. También conocería palabras nuevas que me acompañarían en el camino. Una de las que más llamaron mi atención fue *homeóstasis*, que significa: «Conjunto de fenómenos de autorregulación, conducentes al mantenimiento de una relativa constancia en la composición y las propiedades del medio interno de un organismo».

Las páginas de aquel libro y la citada palabra me ayudaron a comprender mejor cuál era mi estado en esos momentos: vivía básicamente en un estado de desequilibrio.

En el escrito, una gráfica indicaba el nivel óptimo de homeóstasis, el rango de equilibrio perfecto para el correcto funcionamiento de un ser humano.

La obra explicaba también cómo utiliza nuestro cuerpo los mecanismos de regulación internos para mantenernos dentro de este equilibrio y cómo, ante factores internos como el estrés, la ansiedad, enfermedades como la depresión o agentes externos como las drogas o las fobias, ese equilibrio puede romperse. Además insistía en que, ante estos desequilibrios (niveles más altos o más bajos del rango óptimo de homeóstasis), el cuerpo humano dejaba de funcionar con normalidad, y en consecuencia la máquina empezaba a fallar.

Entre los efectos que esta desarmonía provocaba podía estar que el corazón bombease más de lo normal, que aumentase en exceso la sudoración o que el iris se dilatase de modo que entraba en el ojo una mayor cantidad de luz. Estos eran solo algunos de los efectos que venían provocados ante un desequilibrio químico que producía una alteración en nuestros niveles de homeóstasis.

No precisaba tener estudios en medicina para comprender que uno más uno hacían dos: las cosas iban adquiriendo sentido...

Tras numerosas investigaciones erróneas para intentar descubrir el problema que me afectaba, ante la posibilidad de padecer algún tipo de cáncer o enfermedad coronaria, aquel libro, aquel psicólogo y esta novedosa palabra, me convencieron más que nunca de que el origen de mi particular historia era algo más básico, lógico y hasta biológico.

Mi organismo, por diferentes motivos, muchos de los cuales aún tendría que descubrir, se había desequilibrado, y era esta la razón por la que funcionaba tan mal; no había nada de místico, sobrenatural o mortal en todo ese desequilibrio.

Solo me faltaba conocer las razones por las que un cuerpo podía reaccionar tan negativamente, ya que, con sinceridad, no entendía por qué el mío se comportaba tan mal.

Mi cabeza en teoría estaba bien (dejando a un lado algunos fragmentos de mi vida como la experiencia con aquel examen que terminé borrando), pero no entendía la necesidad de sudar tanto, ver tan mal, escuchar constantemente los latidos de mi corazón o convivir con aquella constante sensación de vértigo y mareos.

Como exansioso, ahora puedo decirte que el secreto para superar la ansiedad no es otro sino seguir un sencillo camino: empezar por darle nombre y eliminar otras posibilidades para, a continuación, observarte y averiguar cuáles son tus motivos. Conocidos los efectos, llegarás a las causas, y te tocará entonces enfrentarlas, hasta ver cómo poco a poco desaparecen de tu vida. Si te enfrentas a tus problemas, eliminarás las causas, y sin causas no habrá efectos, de modo que tus síntomas desaparecerán para siempre.

Piensa en tu cuerpo como en un coche: si el motor falla, es inútil que intentes arrancarlo a patadas o maldiciendo tu suerte. Las opciones son dos: ir al mecánico o, con paciencia, investigar y tratar las causas para encontrar la solución.

Aunque te sientes bastante más perdido ante la ansiedad que ante un fallo mecánico, entender las causas y ponerles remedio es mucho más fácil que ponerse a estudiar mecánica sin tener idea. Puedes, si lo necesitas, acudir a un psicólogo, pero viendo las cosas del modo en que hoy las veo, personalmente creo que no siempre es necesario. Si en aquellos días un libro como este hubiera llegado a mis manos, habría podido superar el problema invirtiendo mucho menos tiempo, energías y malos ratos. Esta es la razón por la que decidí escribir este libro: intentar asistir a otras personas que, al igual que me sucedió a mí en su día, no ven una salida ni comprenden su situación, ayudándoles a entender que existe un modo de superar la ansiedad para siempre.

Como muchas otras personas, viví el proceso y sufrí lo que hoy puedes estar padeciendo tú, y seguramente aquellos días llenen buena parte del «saco» de los días más difíciles de mi vida. También puedo decir que, gracias a superar este problema, me hice más fuerte. Hace ya muchos años que vivo solo a miles de kilómetros de casa, sin estar condicionado por el temor al retorno del ansia o a un posible brote.

Durante mi vida, he sufrido más episodios de ansiedad. Sin embargo, tras entender lo que intento ayudarte a comprender mediante este libro, siempre he sabido que soy y seré más fuerte que la ansiedad.

Si comprendes, acotas y entiendes que no hay nada extraño o metafísico en este problema, si dejas de asociar tu estado a un posible fallo o tara mental y eliminas el adjetivo «débil» o «diferente» por haber sufrido o estar sufriendo este desequilibrio, si entiendes que es algo del todo natural y observas cuáles son tus causas, llegarás a comprender que no hay nada que temer sino mucho que aprender.

Tras conocer la homeóstasis, descubres que únicamente necesitas volver a estabilizar tu máquina: pronto entenderás que eres, fuiste y serás siempre más fuerte de lo que en ocasiones hayas podido creer; la ansiedad no condicionará tu vida.

Descubriendo, aceptando y acotando mi realidad, sentía que iba llegando el momento de pasar a esa acción que me devolvería el equilibrio. Necesitaba recuperar esos niveles correctos de homeóstasis que me restituyeran la vida, pero antes debía entender por qué me había ocurrido a mí, cuál o cuáles eran mis errores, mis causas.

Buscando en mi interior, pronto daría con el principal responsable, aquel que desataría la bomba emocional que llevaba dentro, un cerebro desconocido y de nombre peculiar era el causante de todo...

> **La ansiedad es fruto de un desequilibrio interno, una alteración en nuestros niveles correctos de homeóstasis.**

3.3. Un cerebro con nombre de reptil

Lo esencial es invisible a los ojos.

ANTOINE DE SAINT-EXUPÉRY,
El Principito

Mi cuerpo seguía comportándose de una forma extraña, aún me costaba dormir y mi vida todavía distaba mucho de aquello que, antes de conocer la ansiedad, consideraba una vida normal. Era consciente de todo, pero también sentía que estaba dando grandes pasos hacia el cambio porque era capaz de reconocer que aquello que me ocurría tenía un nombre y unas bases científicas, y que mi vida ya no corría peligro. Todo esto consiguió tranquilizarme, y al ver aquel difícil presente de forma más positiva, mis síntomas se redujeron en gran manera y cada vez daba menos importancia a que volvieran; aun conviviendo con la ansiedad, notaba que las cosas comenzaban a cambiar.

Podía empezar a descartar el cáncer o el inminente infarto y, más aún, eliminar mi mayor preocupación: ¡no me estaba volviendo loco!

Este primer paso me devolvió algo de calma, pero aún no tenía idea de qué hacer para erradicar la ansiedad de mi vida.

Para convivir mejor con este problema, P me explicó algún que otro truco que me ayudaría a controlar mis tan temidos síntomas (algunos los encontrarás en el capítulo «Trucos del durante»). Aun así, admitir la ansiedad, aceptar mi realidad y utilizar estos trucos no sería suficiente para recuperar el equilibrio, de modo que continué investigando y atando cabos... Pronto conocería el porqué mi cuerpo no funcionaba del modo correcto, quién o qué era el causante de toda aquella inestabilidad en que se había convertido mi organismo.

Existía información muy interesante que hablaba sobre el funcionamiento del cerebro humano en la que se explicaba que nuestro cerebro se puede dividir en tres más pequeños, cada uno de los cuales gestiona funciones diferentes, y que entre todos ellos existía uno, el más pequeño y antiguo, que parecía estar detrás de aquel jaleo en el que me encontraba sumido: el cerebro reptiliano.

A grandes rasgos, los tres pequeños cerebros que forman nuestro cerebro son:

- *El córtex o cerebro racional*, que gestiona la razón y la lógica.
- *El cerebro límbico*, que gestiona las emociones y da sentido a las cosas.
- *El cerebro reptiliano*, el más interno, pequeño y seguramente desconocido de todos, que regula las funciones básicas del organismo. Su principal objetivo es nuestra supervivencia.

El libro daba algunas pistas sobre la influencia del cerebro de reptil en trastornos como la ansiedad, así que concentré en ello mis investigaciones y, cuanto más conocía este cerebro, más me daba cuenta de la importancia que tenía en muchos aspectos de nuestra vida.

La acción de investigar me animaba y me notaba más fuerte. Dar sentido a algo tan sin sentido en apariencia como la ansiedad y sus síntomas me permitía atisbar algo de luz ante tanta oscuridad. Por eso, descubrir el cerebro de reptil me devolvió la sonrisa, ya que, a partir de ese descubrimiento, todo tenía sentido.

La denominación «reptiliano» se debe a que los reptiles fueron los primeros a los que la naturaleza dotó con un cerebro, hace más de 500 millones de años.

El ser humano evolucionó, y con su desarrollo su cerebro cambió y aparecieron la razón (córtex) y las emociones (sistema límbico) y, en esa masa que es el cerebro actual, todo quedó unido.

Como comentaba, el cerebro de reptil gestiona nuestra supervivencia controlando funciones básicas del organismo, entre ellas:

- el flujo sanguíneo,
- los latidos del corazón,
- la temperatura del cuerpo mediante mecanismos como la sudoración,
- el subconsciente,
- la digestión,
- el equilibrio,
- la vista...

He querido exponer solo algunas de las funciones que gestiona este cerebro con un único propósito. Puede que mientras leías la lista ya te hayas dado cuenta del porqué o puede que no, pero si no te has dado cuenta de nada raro, te animo a que releas la lista despacio y hagas uso de tu memoria reciente.

¿Has observado algo que haya llamado tu atención?

Si tu respuesta es no, sin duda hay algo que no te permite observar bien el presente (tu ansiedad), así que intento ayudarte...

Repasa rápidamente los síntomas de la ansiedad y después vuelve a leer la lista anterior (funciones que regula el cerebro reptiliano). ¿Te das cuenta de que existe una relación directa entre ambas listas?

Esta relación se debe a una razón bastante básica:

¡todo empezó aquí! El cerebro de reptil fue el que dio la orden para activar y dar vida a la ansiedad en nuestro organismo.

En aquel momento de mi investigación, la luz se hizo mucho mayor. Las pesadillas, los latidos del corazón, la sudoración, la vista y las funciones motoras, entre otros de los muchos síntomas, lo dejaban claro: ¡Todo había empezado aquí! ¡Todo tenía sentido!

Había llegado el momento de entender por qué, sin aparente motivo, debía seguir conviviendo con aquellos síntomas tan desagradables, entender por qué este antiguo cerebro había sentido la necesidad de activar una respuesta tan inquietante como la ansiedad en mi organismo.

Soy de las personas que opinan que casi todo en esta vida tiene una causa y que tal vez el mejor modo de atacar cualquier tipo de problema pasa por conocer cuáles fueron los motivos o causas que lo generaron. A este punto de la investigación había llegado y no pensaba detenerme hasta entenderlo todo.

Una almorrana, un resfriado, una alergia, que te pongan los cuernos e incluso lo que muchos llaman buena o mala suerte normalmente tiene una causa, un algo que provoca todo. En este caso, el desequilibrio generado por el cerebro reptiliano era el efecto de diferentes causas o motivos que pronto descubriría.

Mi razonamiento básico fue algo parecido a este:

Causa-efecto: Una o varias causas generaron un desequilibrio activado por mi cerebro de reptil. Este cerebro comprendió la necesidad de actuar provocando cambios en varias funciones del organismo, lo que derivó en un desequilibrio de los niveles de homeóstasis; fue así como la ansiedad llegó a mi vida y, con toda probabilidad, también a la tuya.

Me di cuenta de que para volver a recuperar la armonía no bastaría con reconocer racionalmente que yo estaba bien y que no existía necesidad de seguir sintiendo todo aquello. Algo más interno, ese cerebro primitivo, debía comprender que era realmente así. Necesitaba demostrarle que yo había cambiado. Había llegado el momento de comprender que, sin lugar a dudas, algo dentro de mí me estaba pidiendo un cambio.

En aquellos momentos creía que la causa de todos mis males había sido aquel ya pasado «tontear con las drogas», que ese había sido el desencadenante. Sin embargo, pronto descubriría que era solo una de las causas, que existían muchas otras que, para recuperarme, debía empezar a tratar y mejorar. No sabía que sería la misma ansiedad la que me indicase el camino a seguir.

Desde hacía semanas, tal vez meses, había comenzado a notar que mi cuerpo me obligaba a dejar de lado ciertas sustancias, como el café, y algún que otro tipo de alimentos.

Al igual que mi cuerpo, mi cerebro también necesitaba más calma y, de manera inconsciente, estaba llevando a cabo acciones para conseguirla. Quedaba más con la gente que me hacía sentir bien y menos con aquella que me generaba ansiedad, frecuentaba lugares más tranquilos, hacía más ejercicio e incluso aprendí (vista la necesidad) a respirar mejor.

Sin darme cuenta, al notar que el ansia influía en mi vida y ante la necesidad de volver a sentirme vivo, algo dentro de mí se estaba transformando; sin darme cuenta, yo mismo estaba cambiando.

Siempre me han apasionado los libros de suspense. Esa lógica con la que detectives, policías o diferentes personajes resolvían crímenes o desigualdades me hacía dar un sentido al uso de la inteligencia; reconocer la intriga y ser capaz de descubrir el misterio antes de que fuese desvelado, me hacía dar buen sentido a la razón. Ante la ansiedad, disfruté del mismo modo intentando resolver el caso, un misterio que se había presentado y tenía un efecto directo en mi calidad de vida.

Ayudado de mi pasión por la intriga, reconocía que iba aclarando el enigma y esto me hacía feliz; en aquellos tiempos, felizmente ansioso. Reconocer pequeños logros, darme cuenta de que estaba mejorando y luchando para recuperarme me permitía soportar mucho mejor aquellos síntomas que, aún sin comprender el motivo, querían seguir conmigo.

3.4. El motivo por el que la ansiedad llegó a tu vida

Junto a mis nuevos descubrimientos, reconocía que estaba iniciando el camino que me ayudaría a salir del problema y, aunque todavía me tocase lidiar con muchos de mis síntomas, aceptar este hecho y entender que me estaba convirtiendo en alguien responsable de su realidad era suficiente para convivir con la ansiedad de otra manera.

Comprendía y comenzaba a disfrutar de la realidad de la frase «No hay mal que por bien no venga», porque entendía que existía mucho bien por llegar. No me centraba en mis síntomas sino que miraba más allá, pues empezaba a descubrir muchos de los beneficios que podía reportar a mi vida el hecho de comprender y superar mi problema.

El motor que te ayudará a progresar es este: reconoce cada uno de tus pasos, comprende la necesidad de cambio valorando lo que la ansiedad quiere decirte y, por encima de todo, siente la fuerza de tu metamorfosis, mientras disfrutas del camino y del conocimiento que esta nueva etapa trae a tu vida.

La vida es un continuo aprendizaje y una de sus grandes lecciones habla de la forma en que podemos observar un vaso. Si te esfuerzas por verlo medio lleno, así lo verás, pero si haces lo contrario, conseguirás vaciarlo.

Ser inteligente y observar los posibles beneficios te ayudará a acercarte a ellos. En caso contrario, seguirás echando la culpa a la existencia hasta que te des cuenta de que la vida no va a cambiar si tú no cambias. Cuanto antes lo entiendas, más pronto te pondrás a trabajar para conseguirlo y antes mejorarán las cosas.

Siguiendo con mi nuevo planteamiento, veía interesante observar cómo funcionaba este cerebro desconocido para mí. Su principal misión es la de mantenernos vivos, por ello, para sobrevivir, gestiona nuestras funciones vitales permitiéndonos reaccionar ante posibles amenazas. Su respuesta no pide ayuda a los otros dos cerebros auxiliares, no pregunta a nuestra lógica, pues tiene la suya propia. Cuando sus indicadores dan la voz de alarma, el cerebro reptiliano, sin necesidad de pensarlo dos veces, reacciona, y ¡cómo reacciona!

Para comprender la lógica de su funcionamiento debemos retroceder en el tiempo muchos millones de años...

Sabemos que el ser humano lleva cientos de millones de años en la tierra y que su evolución, como la de cualquier otro ser vivo, es gradual. Así pues, entendemos que en términos de evolución biológica las cosas llevan su tiempo. Poniéndonos en situación respecto al ser humano, el problema estriba en que ha habido cambios tan vertiginosos en la historia de la humanidad que algunos órganos no han evolucionado a la misma velocidad.

Si en las jirafas el cuello ha ido creciendo milímetro a milímetro cada cientos de años, es de suponer que para el ser humano la evolución requeriría la misma progresión en el tiempo. No obstante, no siempre ha sido así.

La realidad del hombre es bien distinta, ya que su entorno ha evolucionado más en los últimos cien años que en los treinta y cinco millones que lleva sobre la tierra. Teniendo en cuenta esto, podemos entender que la vida como tal se ha desarrollado de un modo mucho más vertiginoso y rápido que nuestro organismo y, por consiguiente, es fácil comprender por qué hoy en día el cerebro reptiliano no es capaz de distinguir entre el ataque de un león hambriento o, por poner un ejemplo actual, la pérdida del puesto de trabajo. Este cerebro, ante un cambio que interpreta como peligroso, reacciona, y una de estas respuestas es la ansiedad.

La sensación de peligro que antes podía venir causada por el ataque de un tigre o un rinoceronte, ahora pueden propiciarla cosas tan simples y poco peligrosas —al menos para nuestra integridad física— como un cambio de entorno, de trabajo, un despido o la pérdida de un ser querido. Por esta razón, el cambio es el principal de los motivos por el cual surge y nace la ansiedad en las personas.

El cerebro de reptil es tan antiguo que ante algunas circunstancias todavía razona como lo hacía millones de años atrás, aunque las circunstancias, a día de hoy, sean totalmente diferentes.

Es una realidad en nuestro presente que, debido a causas que nada tienen que ver con nuestra verdadera supervivencia, nuestro cerebro reacciona como si así fuese y, al sentirse en peligro, actúa desencadenando en su respuesta trastornos tan comunes como la ansiedad o el estrés, las denominadas enfermedades del siglo XXI.

Tenemos que aprender a valorar las cosas por lo que realmente son y así, desde la razón, no enviar información equivocada a elementos tan primitivos como el cerebro reptiliano. Si hacemos uso de la frase del Principito «lo esencial es invisible a los ojos», puede que realidades como la ansiedad presenten bases mucho más sólidas y con sentido de lo que nos imaginamos, puede incluso que seamos nosotros mismos quienes, sin darnos cuenta, enviemos indicadores de peligro a nuestro cerebro de reptil invitándolo a darnos un fuerte toque de atención. Si taladramos nuestra mente con peligros inminentes, nuestro organismo, lo queramos o no, reacciona.

El cerebro reptiliano entiende solo dos maneras de actuar: atacar o huir. Si comprendemos que este cerebro (debido a su evolución) asocia más el peligro al ataque de un tigre que a un cambio de trabajo, entenderemos que su reacción más común sea:

- *Aumentar la tasa cardíaca* bombeando más sangre al corazón para contar con más energía ante la posibilidad de respuesta, bien en ataque o en defensa.
- *Acelerar la respiración* para oxigenar los músculos y permitirnos, por ejemplo, echar a correr.
- *Contraer los músculos* para prepararnos para la acción.
- *Dilatar nuestro iris* para que, al entrar más luz, podamos ver mejor y observar, por ejemplo, distintas posibilidades o lugares de huida.
- *Incrementar la sudoración* de forma constante para mantener la temperatura interna en el caso de que las circunstancias lo requieran.
- *Y muchas otras acciones*, como, por ejemplo, hacerse encima las necesidades.

Todas estas reacciones tienen una única misión: sobrevivir ante un peligro físico. Ahora bien, de no existir este peligro, amanece una crisis de pánico que, si no es comprendida y aceptada por lo que es, fácilmente derivará en un síndrome de ansiedad y se quedará mucho tiempo a nuestro lado.

Con ejemplos así, todo quedaba claro. Mi prehistórico cerebro había provocado estos y otros cambios en mi organismo, y mi razón, al no comprender dicho cambio cuando surgió, no hizo más que mantener en mí ese estado de alerta: la ansiedad y todos sus síntomas.

De algún modo, a mi primitiva sesera le habían llegado indicadores que le hacían sentir que mi vida corría peligro y había actuado del único modo que sabe hacerlo: haciendo saltar la alarma y modificando las funciones vitales para prepararse para las dos únicas posibilidades que comprende, el ataque o la huida.

Aunque yo no identificara ni reconociese que mi vida corría peligro, mi cerebro de reptil había entendido lo contrario. Por eso (entre otras cosas) no desaparecían los síntomas, por eso yo no había considerado hasta ese momento la necesidad de que la ansiedad llegase a mi vida y quisiera continuar en ella.

Conociendo el modo de actuar de este órgano, sabiendo que es independiente del córtex (la razón) y siendo muy consciente de que mi razón no había advertido tal necesidad (aunque seguramente había enviado muchas señales al cerebro de reptil), acababa de comprender que era imposible eliminar mis síntomas y volver al tan ansiado equilibrio si hacía uso exclusivo de la lógica. A este cerebro poco le importaba lo que yo pensase o que le asegurara que jamás volvería a hacer ciertas cosas, este órgano milenario necesitaba sentirlo. No bastaba con pensar, necesitaba actuar, y el cambio tenía que ser real y duradero.

Comprender cuáles eran los motivos y razones de alarma que habían llegado a mi inteligencia de reptil y tratar cada uno de ellos sería la solución. Evitarlo no servía de nada. Es más, no solo no eliminaría aquellos insufribles síntomas, sino que, en caso de conseguirlo sin enfrentarme a este mensaje, la ansiedad o el miedo a que reapareciese podría determinar gran parte del resto de mi vida.

Consideraba que evitando la ansiedad condicionaría mi futuro, así que la respuesta posible no era huir sino luchar. Solo un cambio real me devolvería el equilibrio para disfrutar de una vida plena sin (síntomas) condicionantes.

Llegaba el momento de orientar mis acciones a poner fin a este duelo, tocaba pensar: ¿Qué se necesita para ganar esta guerra? ¿Qué hace falta para luchar y ganar?

La respuesta era obvia: para ganar luchando necesitaba armas, pero ¿qué armas me ayudarían a derrotar ese peligro que mi cerebro de reptil había observado en mi vida? ¿Cómo podría luchar por una vida mejor, más sana y acorde con uno mismo? Con las únicas herramientas que permiten superar cualquier tipo de duelo; nuestras propias capacidades.

De esto trataría el resto del camino, de recuperar valores y aptitudes que siempre existieron dentro de nosotros mismos.

Por uno o varios motivos, a veces nos alejamos del camino, de nuestra esencia verdadera, porque llevamos una vida que tal vez tenga muy poco o nada que ver con la que deberíamos llevar, y la ansiedad se presenta para que cambiemos ese rumbo. Mis síntomas indicarían los cambios a realizar para sacar a la luz esas herramientas que me ayudarían a ganar la batalla; incrementando mi seguridad y siendo el responsable de mi realidad, recuperaría el tan ansiado equilibrio. Este sería el mensaje que cambiaría mi vida para siempre.

Esta vez no bastaba con creer, necesitaba demostrármelo, pues sabía que en la naturaleza existían elementos tan impetuosos que el uso exclusivo de la razón no les causaba ningún efecto. Hace varios años viví un claro ejemplo de ello.

Durante mi etapa en Roma, una noche como cualquier otra, llegó el momento de irse a dormir. Parecía una noche totalmente normal, pero iba a ser muy distinta a las que había vivido hasta la fecha...

En medio de mis sueños, algo me despertó. Una fuerza desconocida comenzó a empujar mi cama de un lado a otro de la habitación en la que me encontraba. La fuerza era tan descomunal que no le bastó con zarandearme a mí, también lo hizo con todo cuanto me rodeaba. Ante un suceso tan paranormal, me froté varias veces los ojos hasta que, con una extraña sensación difícil de describir, los abrí y me di cuenta de que no se trataba de un sueño.

La razón me decía que alguno de mis compañeros de piso podía estar detrás de todo, pero dirigiendo la vista en todas las direcciones advertí que allí no había nadie, que estaba... ¡completamente solo!

Era una realidad bastante estrambótica: mi cama y yo nos movíamos de un lado a otro sin existir fuerza alguna, visible o conocida, responsable de todo aquello. La lógica se valió entonces de mis recuerdos y me presentó una secuencia de imágenes, fragmentos de una película que había visto años atrás: *El exorcista*.

Muerto de miedo, salté del colchón para escapar de mi habitación. Desconocía que la realidad fuera de mi estancia iba a ser todavía más extraordinaria...

En el pasillo al que daba la puerta encontré al resto de mis compañeros de piso, algo raro a esas horas, aunque lo realmente extraño no era que estuviesen allí sino la postura de cada uno de ellos. Al igual que yo, habían abandonado sus dormitorios y se encontraban junto a mí, en una posición similar a la de un surfista cabalgando una gran ola, pero en esta insólita escena la tabla era el pasillo, y aquellas olas y su vaivén, el piso en el que nos encontrábamos.

Pronto, de un modo impulsivo, yo también empezaría a surfear, hasta que, aún sin comprender nada de lo que ocurría, a uno de mis compañeros se le encendió la bombilla y pronunció una frase. Consciente del movimiento y de nuestro posible final gritó: «*U Tramouttttt!*».

Al oír aquello me quedé de piedra y, asociando ideas, lo primero que me vino a la cabeza fue el viento de tramontana. Esa ocurrencia me dio algo de paz, aunque no podía entender cómo en Italia podían existir vientos tan fuertes, capaces de mover una casa entera. En cualquier caso, pensándolo bien, si todo era debido a un viento, mi vida no corría peligro.

Segundos más tarde todo volvió a la calma y, conversando con mis compañeros, me comentaron que la frase que había oído no era «*U tramout*», sino «*U terremout*», «terremoto» pronunciado con acento pullés (de la región italiana de Apulia).

Tardé varios minutos en darme cuenta de que acababa

de vivir mi primera experiencia con un terremoto, uno de los más fuertes y letales de los últimos tiempos en Italia. Aquel seísmo descomunal devastó la zona de Apulia. Fue tan intenso que literalmente hizo temblar y tambalearse edificios, entre ellos el mío, a más de 150 kilómetros de su epicentro, en la ciudad de Roma.

Ante el terremoto mis compañeros y yo adoptamos diferentes respuestas: mientras unos decidieron esperar en casa a que pasara, otros (entre los que yo me encontraba) preferimos salir y dirigirnos a un lugar más seguro, esperando que no tuviese lugar una réplica. Yo no entendía de terremotos, pero mis amigos sí, y me comentaron que normalmente el terremoto más fuerte se produce tras una primera llamada de atención.

Por miedo a que pudiese derrumbarse el edificio, un compañero y yo decidimos dejar la casa y acercarnos a un parque que no quedaba lejos. De madrugada, tras un paseo de poco más de media hora viendo que nada ocurría, volvimos a casa. Parecía que todo había pasado y por fortuna así fue.

Ante ciertas fuerzas de la naturaleza, las opciones son siempre las mismas: atacar o huir; a veces, nuestra supervivencia depende de nuestra capacidad de respuesta. Por suerte, en aquella ocasión no me fue necesaria, pero en Apulia muchas personas se salvaron gracias a su capacidad de reacción.

Este ejemplo me ayuda a comprender que la ansiedad, un terremoto interno generado por nuestro cerebro de reptil, también necesita de una respuesta, la nuestra. Es muy probable que con el tiempo se den otras réplicas y, para estar preparados, debemos comprender el mensaje que trae consigo la ansiedad y actuar en consecuencia.

Tras comprender los detalles del cerebro de reptil y con ello los motivos por los que la ansiedad había llegado a mi vida, fui consciente de los pasos a seguir, y debía empezar por eliminar la excesiva preocupación que nublaba todo, para orientar mis pensamientos hacia su solución, no hacia el problema.

> **La ansiedad llega a nuestra vida buscando un cambio, el nuestro.**

3.5. Las preocupaciones de tu mente

> Mi vida ha estado llena de terribles desgracias, la mayoría de las cuales nunca sucedieron.
>
> MICHEL DE MONTAIGNE

El secreto para descartar el cáncer o cualquier otra enfermedad terminal diferente de la ansiedad lo descubrí al darme cuenta de que mis síntomas eran directamente proporcionales a las preocupaciones que sentía.

El cerebro de reptil, a raíz de situaciones conocidas y otras que aún debería descubrir, había desencadenado todo ese jaleo interno que da título a este libro. Lo que no llegué a entender hasta que comencé a observarme fue la importancia que tenía el modo en que me concentraba en mis síntomas.

Cuanto más valor diese a la ansiedad y a lo que me hacía sentir, más se fortalecía; a más preocupación y miedo, más fuertes eran los síntomas que sentía. Esto me ayudó a entender que mi problema no se debía a otra cosa distinta de lo diagnosticado. Mi vida no corría peligro, pues ¿qué enfermedad física aumenta de un modo directo la preocupación? Sin lugar a dudas, podía contestar a esta pregunta afirmando que no existía ninguna.

Entender y aceptar la ansiedad comprendiendo que tu vida no corre peligro eliminará tu hipocondría, tal vez el mejor aliado de la ansiedad, y el peor enemigo para recuperar tu equilibrio.

Cuando acepté que padecía ansiedad, descubrí que los síntomas eran directamente proporcionales a mis preocupaciones focalizadas en ellos. Cuanto más me centraba en aquello que los síntomas me hacían sentir, más aumentaban estos.

En consecuencia, consideré un cambio de mentalidad. Si la ansiedad no iba a matarme, pues no provocaría un inminente ataque al corazón, ni me volvería loco, y era difícil que cayese al suelo a causa de un mareo, ¿por qué darle tanto valor? ¿Para qué preocuparme y condicionar mi vida? ¿De qué me servía centrarme en unos síntomas que no acabarían conmigo?

La realidad era mucho más sencilla: ante los síntomas de la ansiedad, preocuparse no servía de nada.

Consciente de ello, comencé a convivir de un modo diferente con aquella situación. Cuando se manifestaba la ansiedad, asociaba esas sensaciones a diferentes situaciones que podían provocarla, sin considerar su existencia como algo preocupante. Estaba aprendiendo a relativizar.

Hemos visto que algunos de los síntomas que acompañan a la ansiedad son sensación de ahogo, asfixia, palpitaciones, sudoración, tensión muscular, sequedad de boca, bloqueos mentales, sensación de irrealidad, confusión, problemas para conciliar el sueño; nos invade la apatía y tenemos hasta ganas de llorar, nuestra cabeza se convierte en una lavadora que centrifuga pensamientos sin orden ni sentido, las reflexiones se repiten, se agolpan, te cuestionan, te previenen, te amenazan, te hacen sentir que eres un desecho y que no eres capaz de retomar el control de tu vida; en resumen, nos abruma la preocupación y esta preocupación no nos deja vivir.

Es hora de respirar, tomarse un momento de calma y encontrar el modo de ganarle la partida a la ansiedad.

Debemos recuperar el control. En el capítulo «Trucos del durante» explicaré algunos de los trucos que utilicé para eliminar o reducir la preocupación con que la ansiedad llenaba mi vida. Lo creas o no, tú puedes elegir los pensamientos y emociones que te convertirán en alguien con recursos, tú tienes la capacidad de elegir y participar activamente en tu vida, y en cuanto empieces a actuar lo comprobarás.

Voy a contarte un episodio que quizá explique con claridad la importancia de actuar dejando a un lado la preocupación, una gran lección que puede resumirse así: si quieres vivir una experiencia que te acerque a la vida y sientes que la indecisión o el miedo te acercan a la locura, no lo pienses más, da los pasos que tengas que dar y ¡vívela!

El episodio trata de un salto, un salto en parapente con el que decidí afrontar una de mis mayores fobias: el vértigo.

Durante los que serían mis últimos años en la capital italiana, me tocó sufrir de desamor, una experiencia que desconocía en gran medida. Aquel duelo me dejó bastante tocado, me sentía totalmente bloqueado y había perdido ilusión por la vida.

Buscando salir del gran bloqueo mental en el que me encontraba, ante la incapacidad de aceptar la pérdida de alguien que había decidido seguir otro camino, sentí la necesidad de encontrar soluciones drásticas que me ayudasen a cambiar de perspectiva.

Pocos días antes, mi hermano había realizado un salto en parapente con mi cuñado. Yo había sido invitado, pero como no pude acompañarlos debido a la distancia geográfica que nos separaba, me animé a probarlo: necesitaba sentir algo distinto a ese dolor que gobernaba mis días y el parapente podía ser una buena opción.

Hablé sobre ello con mi gran amigo Caruso y, por fortuna, días más tarde me dijo que conocía dónde podíamos realizar esta actividad cerca de Roma.

Necesitaba hacer cualquier cosa que me ayudase a salir de aquel estado de apatía y sabía por experiencia que la mejor terapia era un buen ataque. Enfrentarme con alguno de mis miedos sería mi mejor medicina, así que, decidido, junto a Caruso y otro gran amigo nuestro llamado

Roberto que se uniría a última hora, organizamos todo lo necesario para afrontar aquel gran, novedoso y «terapéutico» salto.

Puedo parecer una persona rara, pero cuando peor me siento o me he sentido en la vida, renace en mí la necesidad de vivir experiencias extraordinarias; tal vez la causa esté en la intención de acercarte a la vida cuando sientes que te alejas de ella. Y en aquellos momentos, un buen modo de volver a sentirme vivo podía ser, por qué no, lograr un imposible: intentar volar en parapente.

El día del salto, mientras subíamos la montaña en una furgoneta junto a los monitores y los trastos que nos harían de alas, me di cuenta de aquello a lo que me iba a enfrentar. Hasta el momento, había sido incapaz de apoyarme con tranquilidad en la barandilla de la terraza de un tercer piso y, según nos comentaban durante el ascenso a aquella enorme montaña, el vuelo comenzaría a una altura de más de mil metros.

Mientras subíamos, empecé a ser consciente de que en pocos minutos iba a vivir una experiencia que, de no haber sido por aquella depresión que me tenía atrapado, seguramente jamás hubiera vivido.

El mensaje que quiero transmitir, el que aprendí durante aquella situación, lo comprendí en el período que va desde el momento que sabes que vas a enfrentarte al reto y hasta el instante en que de hecho empiezas a actuar, los intervalos que se suceden entre la espera y la acción, **la maniobra que te acercará a aquello que reconoces que necesitas vivir.**

Llegados a la cumbre, el monitor con el que realizaríamos el vuelo nos preguntó cuál sería el orden para empezar a correr. Como todos teníamos miedo y yo me conocía demasiado bien, elegí ser el primero ya que sabía que, de no ser así, posiblemente me echase atrás en el último momento. Mis amigos aceptaron, así que, aterrado y sin comprender del todo por qué me había adentrado en aquella nueva locura, me preparé para tan temida pirueta.

Cuando hablábamos del cerebro reptiliano, comentábamos que las opciones ante un posible ataque a nuestra supervivencia eran dos: luchar o huir. Frente al reto, nuestro cuerpo reacciona de un modo automático. Yo sabía que una de las reacciones ante la posibilidad de huida era hacerse las necesidades encima y bloquearse, y en aquellos momentos sentí que igual estaba a punto de suceder. El propósito del organismo cuando da la orden de cagarse encima es conseguir que olamos tan mal que el tigre o león que nuestro primitivo cerebro considera una amenaza nos suponga venenosos o incluso (dependiendo del olor) putrefactos y desista de atacar. En aquellos minutos de espera, mi reacción fue bastante parecida: mis amigos me sacaron una foto en la que se aprecia por mi expresión que me estaba cagando de miedo, aunque no literalmente.

Con cara de pánico, me dirigí a la ladera desde la que, en pocos minutos, comenzaría mi vuelo. Una vez allí tocaba esperar, ya que el salto lo llevaba a cabo el monitor de una escuela de parapente y ese día había clases. Delante de mí y a más de mil metros de altura, diferentes aprendices se disponían a dar el salto, pero, a diferencia de mí, ellos iban solos.

Mientras me indicaban cómo debía correr y moverme

y cuándo debería comenzar a hacerlo, esperábamos a que los principiantes (bastante avanzados si tenemos en cuenta la altura a la que se encontraban) realizasen sus saltos, con la desgraciada fortuna de que uno de ellos realizó un mal vuelo y se temió lo peor.

Tras darme cuenta de lo que había sucedido, mi cerebro empezó a trabajar solo. Comprendí que podía morir y en mi cabeza comenzaron a sucederse diferentes posibilidades en forma de imágenes, cada cual más catastrófica. En mi mente parecía reproducirse un capítulo de la serie *Mil maneras de morir* donde aparecía siempre yo, mi parapente y el paisaje en el que me encontraba.

Por suerte, al cabo de unos minutos, antes de que yo realizase el salto, encontraron a aquel chaval sin haber sufrido rasguño alguno y colgado entre los árboles. La noticia me alivió bastante, pero el sosiego duró poco... Tras una broma del monitor, mi preocupación aumentó.

Bromeando (la expresión de mi cara daba pie) junto a mis amigos, el instructor explicó cómo en una ocasión, a unos cincuenta metros de altura antes de llegar al suelo, en el momento en que te preparas para el aterrizaje, un monitor soltó a un chaval —como podría ser yo en breve— directamente al vacío; no le habían atado bien los arneses y el inocente cayó en picado. Desde esa altura no es difícil comprender cómo había terminado todo: como has podido imaginar, no sobrevivió.

Tras esta anécdota que, después de mi hazaña, descubriría que era broma, volvieron a sucederse más imágenes en mi mente, tantas y tan apocalípticas que mi cabeza era un completo caos.

Acompañado de estos pensamientos, mi monitor me indicó que había llegado el momento: tocaba prepararse para el salto. Me aseguré de que ataban bien mis arneses preguntando las veces que consideré oportunas y, una vez seguro, nos dispusimos a saltar. Sabiendo que llegaba la hora y convencido de querer vivir al cien por cien lo que iba ocurrir, como por arte de magia decidí eliminar las preocupaciones de mi mente para centrarme en lo que ocupaba mi presente.

No había vuelta atrás, unos cincuenta metros separaban la seguridad de pisar tierra contra la incertidumbre de saltar al vacío. Lo único que podía y debía hacer (esperando que aquello que no dependía de mí no fallase) era correr lo mejor que sabía en cuanto me lo indicase mi instructor, piloto, ángel de la guarda y salvavidas.

Reconociendo que no había más opción que aquella, me relajé y me preparé para la acción, pronto disfrutaría de mi mejor carrera e iba a hacer todo lo que estuviera en mis manos. Y así fue, corrí y corrí hasta que ya no quedaba suelo, momento en que finalmente descubrí el tan temido y asombroso vacío.

Sobreviví, y aquella acrobacia se convertiría en una de las más singulares experiencias de mi vida, una práctica que volveré a realizar en cuanto sienta la necesidad.

No superé el vértigo, pero sí afronté uno de mis miedos, a la vez que reconocí que muchas veces, en la vida, las preocupaciones no son otra cosa que imaginaciones nuestras, fantasías que casi siempre nos sirven de pretexto para no experimentar algo que, como aquel salto, queremos o sentimos necesario vivir. Es preciso superar la ficción que nos plantea nuestro cerebro en forma de excusas ante cualquier desafío. La ansiedad es un desafío para el que no existen excusas, así que, no te engañes, elimina tus «no puedo» y empieza a creer en ti y en cada paso que das hacia tu recuperación.

Cuando se plantea un reto en nuestra vida, normalmente el cerebro trata de hacernos ver las peores consecuencias posibles, excusas para mantenernos en esa zona segura y conocida, nuestro espacio de confort, un lugar monótono en el que muchas veces podemos sentirnos muertos en vida. Sin embargo, es en esos momentos cuando más fuertes debemos sentirnos, cuando más debemos luchar por eliminar límites imaginarios en nuestra realidad.

Evolucionar supone un cambio, pues evolucionar, como saltar, exige dejar a un lado las excusas. Debemos ponernos manos a la obra para dirigirnos hacia aquello que realmente queremos o necesitamos vivir, y aún con más fuerza cuando sentimos que la palabra «ilusión» se ha convertido en un lejano recuerdo.

Ante la ansiedad debemos hacer lo mismo: es momento de eliminar cualquier excusa. A estas alturas sabes cuál es el camino, conoces las causas por las que los síntomas llegaron a tu vida y únicamente te falta dar el salto para volver a la vida. Del mismo modo que me sucedió a mí, puede que te asalten dudas y la preocupación te frene, pero necesitas hacer lo contrario y convencerte de que dispones de todo lo necesario. Una vez sientas y creas en que tu cambio es posible, la felicidad te acompañará día tras día.

Sentir que has dado el primer paso para recuperar el equilibrio te dará la fuerza necesaria para disfrutar del resto del camino. Esta es la realidad de la vida: **si quieres, ¡puedes!**

Lo mejor y lo peor de la ansiedad es que, conviviendo con ella, no deja lugar a medias tintas. Sus, en ocasiones, insufribles síntomas y la dificultad de llevar una «vida normal» la convierten en algo insoportable, si bien es esa dificultad la que a veces nos ayuda a superarla, ya que no queda más remedio que luchar contra eso que sientes para recuperar poco a poco tu tan ansiado equilibrio; lamentarse, posponerlo o evitarlo no sirve de nada.

Una de las grandes verdades del trastorno del que nos ocupamos es que, cuanto antes pasas a la acción, antes desaparecen sus síntomas. El simple hecho de convencerte de que es así, de reconocer que estás adoptando una mentalidad luchadora hace que disminuyan. Si aún no lo crees, *¡haz tú mismo la prueba!*

Como te explicaba al iniciar este libro, lo importante es que empieces a trabajar en ti. De nada sirve que aceptes la teoría si no la pones en práctica. Tu cerebro reptiliano es más listo que tú y ya hemos visto que, en ocasiones, la razón por sí sola no sirve de nada.

Para eliminar la preocupación de tu vida, debes relativizar los síntomas entendiendo que la ansiedad no es una enfermedad terminal y que sus dolencias son tan fuertes o débiles como tú, desde tu preocupación, decidas sentirlas.

Si empiezas a verla como un mal menor que ha llegado a tu vida para obtener un bien mucho más preciado, y aceptas que puedes convivir con sus síntomas sin hacerles demasiado caso mientras trabajas para eliminar los motivos que los originaron, si relativizas tu ansiedad y te observas mejor, conseguirás relajarte en situaciones en las que antes perdías el control y, al igual que tu ansia, los síntomas empezarán a mermar.

Mientras te observas y preparas, te asaltarán las preocupaciones, las excusas y la duda. Tendrás que eliminarlas poco a poco, ya que ahora mismo son tu peor enemigo y, lo que es aún peor, no sirven de nada.

Piensa en tus síntomas como en un indicador que te dice cuáles son las mejoras que tu vida quiere para ti y deja de preocuparte. Céntrate en tu cambio, en cada pequeño paso adelante y, una vez que vayas comprendiendo lo que la ansiedad quiere decirte y te enfoques en superarla, verás que tus síntomas desaparecen y eres capaz de disfrutar del resto del camino, de una vida mejor de lo que habías imaginado.

> La preocupación aumenta la intensidad
> de tus síntomas, tu ocupación es la mejor terapia.
> ¡Ocúpate de ti!

3.6. Acepta y descarta, tu vida empezará a cambiar

Existe un antes y un después en la convivencia con este trastorno, un momento que llega en cuanto aceptas que no padeces nada diferente a la ansiedad. En el mismo momento que descartes otras posibilidades, tus síntomas empezarán a disminuir, tu vida cambiará y te sentirás mucho mejor.

Asumir la ansiedad no quiere decir resignarse a padecerla, aceptarla significa comprender cuál es tu verdadero problema y entender, en consecuencia, cuál es tu verdadero remedio; es decir, ser consciente de que posees la fórmula: **tú eres tu propia medicina.**

Como observé en su momento y pude corroborar una vez recuperada la calma, la ansiedad en sí no es mala. El problema de la ansiedad radica en nuestra excesiva preocupación y temor a lo desconocido. Si en cuanto llegó a tu vida hubieses aceptado la naturaleza del problema y no hubieses dado más valor del necesario a cada uno de sus síntomas, te aseguro que la intensidad y duración de estos no habrían tenido nada que ver con lo que has padecido o puedes estar sufriendo en estos momentos.

La ansiedad es la más común y universal de las emociones. Es sinónimo de angustia y preocupación ante acontecimientos futuros o situaciones de incertidumbre, es la anticipación temerosa de un peligro inminente, acompañada de síntomas físicos en cualquier región de nuestra geografía corporal, que da lugar al presentimiento de que algo grave nos va a ocurrir.

Lo creas o no, es inconcebible la vida sin ansiedad. En cierto grado, está presente en nuestra vida a diario. Existe un ansia normal, ligada a las situaciones que vivimos, que cumple una función adaptativa y prepara al individuo para la ejecución de tareas o lo alerta frente a posibles amenazas; y existe otra, llamada ansiedad patológica, que, lejos de ayudarnos en la vida, nos la complica, y da lugar a cambios bioquímicos y funcionales en nuestro organismo.

Si cuando la ansiedad patológica se presenta en nuestra vida la aceptamos, entendemos cuáles son los pasos a seguir y nos ponemos a trabajar para llevar a cabo una mutación, los síntomas desaparecerán con rapidez.

Podemos entender este paso como el primero y necesario para reducir sus síntomas. Una vez seas consciente realmente de ello, te darás cuenta de que te sientes mejor para, desde aquí, iniciar el camino hacia la recuperación.

Imagina que tienes una pequeña lancha y has salido a navegar cuando, cerca del puerto, te topas con un gran tiburón blanco que, movido por la curiosidad, se ha acercado a pocos metros de ti. Seguramente te asaltará el miedo, intentarás buscar una solución a tu problema y te darás cuenta de que no sirve cualquiera. Soluciones hay millones, pero saltar de tu lancha y pretender ahuyentar al tiburón a puñetazos es quizá la peor. Si tratáramos la ansiedad sin aceptarla, convencidos de padecer otras enfermedades, estaríamos haciendo lo mismo, estaríamos entrando en el terreno del tiburón utilizando herramientas que, lejos de dañarlo, lo hacen más fuerte mientras tú te debilitas.

Ha llegado el momento de aceptarlo, de comenzar a caminar por el camino justo, el único que te puede devolver la calma que necesitas.

Partiendo de la base de que has aceptado que padeces ansiedad, intentaré ayudarte a descubrir cuáles son tus motivos, aquellos que han inducido a aquel anticuado cerebro de nombre singular a dar la voz de alarma, provocando que la ansiedad se presentase en nuestras vidas.

¡Acéptalo! Únicamente sufres ansiedad, no padeces nada más. Sonríe, porque pronto descubrirás que, aceptando el problema, superarlo es mucho más sencillo de lo que creías.

Acepta que no padeces nada diferente a la ansiedad. A partir de ese momento todo empezará a cambiar.

4

Escucha lo que la ansiedad quiere decirte

Y empecé a librarme de todo lo que no era
saludable: situaciones, personas, gustos y
cosas. Lo llamaron egoísmo, yo lo llamé
«amor propio».

CHARLES CHAPLIN

¡Conócete a ti mismo!

Inscripción, templo de Apolo en Delfos

Tras las distintas revelaciones que sucedieron a mis investigaciones, empecé a reconocer que las causas, los motivos por los que aquella enfermedad llegó y perduraba en
mi vida, estaban dentro de mí. Un antiguo cerebro había
hecho saltar las alarmas y, de no empezar a reconocer cuáles eran mis motivos y tratar de cambiar mi forma de reaccionar ante ellos, nada iba a mejorar.

Sabía que no quería vivir condicionado por la ansiedad, así que llegué a la conclusión de que tocaba mirar hacia dentro: había llegado el momento de conocerme mejor.

Investigando más a fondo nuestro cerebro de reptil, descubrí que, con la meta puesta en la supervivencia, este órgano era capaz de generar no solo enfermedades como la depresión, el estrés o la ansiedad, sino también muchas otras.

Para este cerebro, la ausencia de ilusión ante la vida, el aburrimiento crónico o el sentir que la persona en la que reside sigue un camino contrario a sus ideales o a sus posibilidades son motivos suficientes para darnos un toque en forma de enfermedad; a este cerebro, le cuesta más el deber mantener un estado continuo de alerta que decir basta y dejar de funcionar.

La ansiedad es solo una de las formas en las que este cerebro emite sus órdenes al percibir señales de alerta, tal vez una de las más leves, un primer aviso que intenta ayudarnos a que nos situemos en el camino justo.

En aquellos momentos me ilusionaba estar descifrando y comprendiendo cuáles eran los motivos que habían disgustado tanto a esta inteligencia con nombre de reptil, los mismos que habían introducido la ansiedad a mi vida.

Entendía que mi organismo estaba sufriendo y sentía peligrar su propia supervivencia, y esto bastaba para reconocer que el camino que llevaba no era el correcto.

Cuando pierdes el rumbo y empiezas a ir en contra de la vida, esta te manda señales para que cambies. En este punto tienes dos opciones: hacerles caso y cambiar, o ignorarlas y seguir viviendo como si nada ocurriese. El problema de tomar esta segunda opción es que no puedes ir en contra de la vida eternamente; si ignoras sus avisos durante mucho tiempo, te dará un toque de atención tan fuerte que no tendrás más remedio que pararte a escuchar.

Había llegado el momento de cambiar de perspectiva, comprender aquello que me perjudicaba y, a partir de aquí, comenzar a mejorarme. La ansiedad no te deja opciones: si quieres combatir sus síntomas, tienes que hacer algo al respecto, ya que, de lo contrario, nada va a cambiar.

Cuando te des cuenta de esto, cuando combatas esta enfermedad con el verdadero sentido y la verdadera motivación, que no es otra que mejorar tu calidad de vida mejorándote como persona, comenzarás (al igual que yo) a sentirte mejor; puede que mejor incluso de lo que te sentías antes de haber conocido esta enfermedad.

Comprender la ansiedad, combatirla e ir superándote poco a poco te hará no solo más fuerte, sino también mejor persona, y te proporcionará más recursos ante la vida. La misión de tu cerebro de reptil es ayudarte a evolucionar, ayudarte a comprender que estás siguiendo un camino que te aleja de tu felicidad, de la vida que, si de verdad quieres, puedes elegir vivir.

Tras conocer las causas, los efectos y los actores del camino que comenzaba a emprender, había llegado el momento de realizar el ejercicio más importante y tal vez más complicado de todos: **conocerme mejor a mí mismo.**

Estudia tus motivos, elimina aquello que no te sirva, descarta, prueba, cambia. Ayúdate de los trucos que consideres necesarios, corre, respira, lucha por tener momentos de calma, selecciona mejor tus amistades, tus lugares, tus situaciones; define tus intereses, prueba y haz cosas distintas, deja a un lado la monotonía. Acciones existen muchas, y eres tú quien debe buscar aquellas que te hagan sentir mejor y te acerquen más a la vida.

En el camino que había decidido emprender, tocaba pasar a la acción, y el mejor modo era redescubrir y sacar a la luz esa fuerza interior que todos llevamos dentro.

Si vuelves a leer la frase con que comienza este capítulo, te darás cuenta de lo que estoy hablando: «Y empecé a librarme de todo lo que no era saludable: situaciones, personas, gustos y cosas. Lo llamaron egoísmo, yo lo llamé "amor propio"».

Hay una medicina para la ansiedad, una cura que no encontrarás en ninguna farmacia ya que está y siempre ha estado dentro de ti mismo. Sin duda habrás oído hablar de ella: se llama **amor propio.**

Como pronto descubriremos en el siguiente capítulo, todas las acciones que emprenderemos se basan en reducir las sensaciones generadas por la ansiedad, por lo que los síntomas serán la brújula que nos indica el camino.

Debemos aprender a ser selectivos en nuestra vida, saber qué queremos y de qué queremos rodearnos, comprender qué nos hace mejores y más felices y dejar todo aquello que no va con nosotros, debemos recuperar nuestra autoestima para, mientras trabajamos en ello, darnos cuenta de que a nuestro alrededor el mundo también cambia.

Si tienes ansiedad y, por poner un ejemplo, te pasas con el café o con la marihuana, es fácil que sientas que tus vértigos crecen, la taquicardia aumenta y cada vez te encuentras peor; la ansiedad te está avisando que haces algo que te perjudica y, una vez lo dejes, empezarás a sentirte mejor; lo mismo pasa con nuestro entorno, personas o estilo de vida.

Los síntomas de la ansiedad son la alerta que indica el camino del cambio que nos ayudará a recuperar nuestro amor propio. En cuanto actúes ante ellos, te darás cuenta de que te comienzas a conocer mejor a ti mismo, de que empiezas a luchar para mejorar tu calidad de vida.

Reducir y eliminar los síntomas de la ansiedad es una tarea tan simple como hacer aquello que la vida quiere para ti, y dejar de hacer lo que no necesitas y te aleja de tu esencia.

Puedes afrontar el problema poco a poco o de un modo directo. Reconocer los motivos que te afectan, el porqué de tus sensaciones, es combatirla cara a cara, es escuchar aquello que la ansiedad quiere decirte.

Existirán factores externos (como el café, las drogas, tu ambiente, trabajo, economía o condición) e internos (pensamientos, emociones o un estilo de vida sedentaria) que hicieron llegar la ansiedad a tu vida, factores que, de no tratarlos, harán que esta se mantenga.

En mi caso, en aquel camino que comenzaba a seguir, advertí que eran varios los frentes que debía atacar. Observándome, intentando tal vez por primera vez (gracias a la ansiedad) conocerme, debía reconocer sin más cuáles eran mis causas.

En el instante en que descubrí aquel extraño cerebro de reptil, comprendí que las drogas podían tener algo que ver, pero una vez aceptado el mensaje que la ansiedad trajo a mi vida, me di cuenta de que había muchas otras causas por las que mi vida no iba del todo bien.

Consciente de todo esto, comencé a examinarme, a estudiar los efectos de mis pensamientos y reacciones ante cada uno de mis síntomas, prestaba más atención a cómo me sentía ante las circunstancias, no a la sensación en sí, sino a cuál era la causa que provocaba esa reacción en mí.

Esta técnica, intentar ser objetivo con aquello que provocaba mis síntomas, me permitía descubrir dentro de mí nuevas respuestas, herramientas que me acercarían poco a poco a ese cambio que la vida quería para mí.

Observando sobre todo los altibajos que experimentaba mi ansiedad ante las diferentes circunstancias externas o internas, llegué a las siguientes conclusiones:

- *La preocupación*, el hecho de asociar mi problema con otras posibilidades (la creencia de que mi enfermedad era otra y más cercana a la muerte o a la locura), *me hacía sentir bastante peor*. Centrarme en mis síntomas favorecía que estos creciesen considerablemente.
- *Los vértigos me volvían inseguro*. Me daba la sensación de que podía caerme en cualquier instante y la idea de que sucediera en lugares públicos aumentaba mi ansiedad. Raramente tenía vértigos cuando estaba en casa, se debían más bien a un factor social, algo externo. El problema no estaba en la situación en sí si no en mi reacción ante ella.
- *El hacer de médico*, investigar mi enfermedad y asociarla a diferentes y preocupantes causas, *aumenta-

ba mis síntomas ya que, al centrarme en ellos, los magnificaba.

- Las drogas, como por ejemplo la marihuana (el simple hecho de olerla aunque no la fumase), *disparaban mis palpitaciones y mis vértigos*; el efecto era directo e inmediato. Con el café era más de lo mismo, taquicardias instantáneas. Si tomaba alcohol me sentía mejor al momento, pero al día siguiente todo empeoraba.

- *Con las drogas no solo aumentaban los síntomas físicos sino también los psicológicos.* Aparte de estas manifestaciones, el descontrol que generaba aquella vida desequilibrada me hacía sentir cada vez más cerca de la locura.

- *Los lugares públicos, sentirme con tan poco control sobre mí mismo, me frenaba a la hora de salir a la calle*, frecuentar la universidad o llevar a cabo tareas que antes realizaba con total tranquilidad.

- *Socializar se había vuelto más complicado.* Me sentía raro, me reconocía raro, y sobre todo pensaba que también otros podían verme raro. Esta sensación, unida a la importancia que daba a la opinión de los demás, incrementaba mi ansiedad.

- *La negatividad y la compañía de personas negativas me generaban más ansiedad.* Sabiendo y reconociendo algunas de mis dificultades, no era momento de soportar más cargas. Debía comenzar a ver colores en ese mundo que últimamente me parecía tan gris, necesitaba ver la luz, necesitaba creer que era posible superarlo.

- La vida sedentaria, la inacción ante la ansiedad y el haber mantenido un estilo de vida pasivo no solo antes sino también durante ese período no contribuían a cambiar mi estado. No conseguía dormir ni pensar con claridad, y seguir parado me mantenía así. *Necesitaba energía.* Superar la ansiedad requería que entrara en acción y convertirme en un oso perezoso tan solo conseguiría el resultado contrario.
- Respecto a mis amistades, sentía que *parte de aquellos que había considerado amigos no estaban a mi lado cuando más los necesitaba.* Algunos «amigos» no solo no me ayudaban intentando comprender mi situación y aquel momento, sino que, peor aún, me hacían sentir más extraño, ansioso y raro que nunca.

Mientras trabajaba observándome, identifiqué varias de las causas de mi ansiedad y, tras realizar pequeñas acciones para cambiar mis reacciones, advertí que comenzaba a recuperar el control. La calidad de mi vida empezaba a mejorar, dentro de mí estaba naciendo una mejor versión de mí mismo y, poco a poco, actuando, iba dándome cuenta de que tenía el poder de cambiarlo todo.

Confiado y decidido, había llegado el momento de pasar a la acción.

> **La mejor medicina contra la ansiedad se llama «amor propio». Para recuperarlo, nuestros síntomas serán nuestra mejor brújula.**

5

Sonríe, ha llegado el momento de pasar a la acción

La única cura para el dolor es la acción.

GEORGE HENRY LEWES

Pensando en la acción, han llegado a mi mente situaciones pasadas, experiencias que, como dice la frase que encabeza el capítulo, se debieron a un cambio de enfoque, en este caso, a un cambio en mi modo de entender mi miedo al cambio.

Tras convivir con la ansiedad, varios sucesos me demostraron que, de ser esta bien tratada, ni condiciona ni limita tu vida, sino todo lo contrario. Para explicarte cómo el hecho de entender y superar este trastorno mejoró mi vida, voy a contarte alguno de estos hechos.

Algo que tal vez hubiera considerado imposible conviviendo con la ansiedad fue que, pocos meses después de superarla, planeé y conseguí hacer real un sueño que siempre me había ilusionado: vivir, descubrir y conocer Roma y sus misterios.

Motivado y animado tras comprender las causas de mi ansiedad, afrontarlas, pasar a la acción y aumentar mi amor propio, mi modo de ver y plantear la realidad había cambiado. Ese nuevo yo trazaría un plan para hacer realidad un sueño que nunca antes hubiera considerado posible.

Tras leer varios libros sobre esta ciudad, sus misterios y su imperio, también con la intención de comprender su cultura, aprender su idioma, salir de mi ciudad, vivir solo y descubrir mundo, me informé sobre las posibilidades (siempre habían estado allí) que existían.

Creía en mí, en la vida y en mi buena suerte, ingredientes suficientes para generar y hacer posible una nueva realidad.

Ilusionado como estaba, descubrí unas becas llamadas Leonardo para trabajar en el extranjero y conseguí inscribirme. Por fortuna, uno de los posibles destinos era Roma, y en cuanto lo supe tuve claro que nada podría detenerme.

Entre los diferentes requisitos para la vacante romana se pedían cursos y conocimientos en ciertas materias, algunos de los cuales desconocía, pero no estaba dispuesto a tirar la toalla. Creía en mis posibilidades, así que decidí aderezar mi currículum hasta hacerlo lo más apetitoso posible.

Entiendo y entendía que la vida es aquello que busques y pretendas vivir, que las reglas, en ocasiones, están para saltárselas o para simplemente cambiarlas a tu antojo (sin necesidad de hacer daño a nadie).

Conociendo los requisitos, analicé por mi cuenta algunos de los estudios requeridos e incluí algún que otro curso (nunca realizado) en mi currículum con el fin de hacerlo más bonito e interesante y presentar el mejor de los perfiles a quien tuviese que elegir al candidato idóneo. También falsifiqué algún que otro documento que acreditaba la realización de algún curso de pocas horas (un pequeño cambio que, en caso de necesidad, de hecho me costaría poco aprender).

Sin querer queriendo, me había convertido en el candidato perfecto, y así fue como, pocos días después, contactarían conmigo desde Roma.

Sabía que la oportunidad no se me podía escapar, así que, haciendo uso de mis mejores modales, educación e intención, la posibilidad pronto se convirtió en una nueva realidad.

En pocos días comenzaría un nuevo capítulo de mi vida, una aventura que viví y convertí en una gran experiencia que se prolongó o, mejor dicho, hice que se prolongase, de los cuatro meses iniciales a más de nueve años.

Creer es crear y, creyendo en mí, había convertido un sueño en realidad. Trabajando duro y animado por ese yo más fuerte y sabio tras gestionar y superar una ansiedad que en su día creí que acabaría conmigo, conseguí vivir experiencias inolvidables. Entre otras cosas, logré aprender un nuevo idioma, echarme novias o amigos de diferentes nacionalidades, hacer mía otra cultura, descubrir infinidad de misterios y vivir nuevas y extraordinarias aventuras.

El hecho de dejar a un lado el pesimismo y pasar a la

acción cambiando mi manera de pensar y actuar daba sus frutos. Gracias a la ansiedad, aprendí a conocerme mejor y a cambiar aquello que no iba conmigo; a partir del momento en que pasé a la acción y me responsabilicé de mi vida y mis circunstancias, mi realidad, al igual que yo, se transformó.

Volviendo a mi camino, recuerdo que por entonces mi mayor temor era que la ansiedad condicionara el resto de mis días. Por esta razón, voy a contarte algo que considero que deberías hacer tuyo para toda la vida: **la importancia de pasar a la acción y comprender lo que la ansiedad quiere decirte.**

No sé si sabes qué es la agorafobia. Yo la conocí de cerca, tan de cerca que la tuve en la cama durante muchas noches y días.

Mi exnovia, aquella que me hizo descubrir el desamor y, entre otras cosas, me empujó a realizar aquel salto en parapente, sufría este problema, pero no me di cuenta hasta convivir con ella.

La agorafobia se puede entender a grandes rasgos como miedo a los espacios abiertos. Entrando más en detalle y tras haberla conocido de cerca, añadiré que es el miedo a un entorno en el que la persona que lo sufre no se siente segura.

Comencé a entrever su problema cuando realizábamos algunas tareas cotidianas como podía ser ir a comprar al supermercado o cuando salíamos fuera a cenar. Ante alguna de estas circunstancias, sufría crisis nerviosas que la (nos) obligaban a volver a casa.

Intenté ayudarla explicándole que, por lo que yo entendía, la mejor acción posible era atacar el problema cuando se presentaran los síntomas. Como a mí me había funcionado, creí que podría funcionarle también a ella. Pronto me daría cuenta de que mis intentos, lejos de ayudarla, la sacaban de quicio. Por diferentes y difíciles circunstancias, como dejar una cena a medias para pagar la cuenta y volver a casa, la relación acabó por irse al traste.

Mi ayuda no funcionó y tampoco la relación, pero me di cuenta de algo importante sobre la naturaleza de aquel problema. Su agorafobia, sus crisis de pánico, no era más que una ansiedad mal entendida y peor tratada. Los orígenes de su enfermedad habían sido muy parecidos a los míos, la diferencia estaba en que creyó que la enfermedad era más fuerte que ella, en vez de darse cuenta de que es todo lo contrario y atacar el problema de raíz.

De esta manera había evadido la ansiedad, no se creía capaz de superarla y se sintió víctima de un problema de difícil solución.

Sin responsabilizarse del todo ante aquel primer brote ansioso, optó por tomar medicamentos, que rebajaron los síntomas pero no los eliminaron. Por desgracia, la ansiedad le condicionó la vida.

Es cierto que el estado de desequilibrio en que nos encontramos nos lleva a temer por la vida al temer por nuestra armonía y cordura, pero si no entendemos ni afrontamos la ansiedad, nos sentiremos incapaces, débiles, impotentes, locos o gravemente enfermos, y aquí viene el problema. Sintiéndonos enfermos, considerándonos diferentes o inestables, tenderemos a alejarnos de la gente para evitar sentirnos peor; hasta el punto de, en casos extremos, preferir quedarnos en casa para evitar el posible desmayo y el posterior qué dirán, y así evadir cualquier tipo de crisis. Creyéndonos impotentes ante un problema que entendemos superior a nosotros, dejamos la fuerza en manos de la ansiedad y de sus síntomas.

El mejor consejo que puedo darte es que comprender la ansiedad es necesario y que superarla es sencillo. No debes evitarla ni temerla. Si la rehúyes, la temes o no la comprendes, te sentirás inferior, extraño, enfermo e impotente y, seguramente tomarás una de las peores decisiones de tu vida: elegir la medicación y la evitación como terapia.

Por experiencia te aseguro que puedes volver a vivir una vida genial e incluso mejor y más plena que la que tenías antes de haber conocido la ansiedad. Para conseguirlo y sonreír de nuevo, simplemente deberás actuar para superar los problemas que te han llevado a este estado.

Una vez te pongas a trabajar, cambiarás, mejorarás y eliminarás cosas que no iban contigo, y al apreciar y darte cuenta de tu cambio, dejarás de temer la posibilidad de que la ansiedad vuelva a presentarse en tu vida porque ya habrás comprendido su mensaje y por qué se presentó. Superar la ansiedad es tan sencillo como esto.

Entiende el sufrimiento no como algo místico sobre lo que no tienes capacidad de reacción, sino como algo que, ahora que lo comprendes un poco, puede ayudarte a convertirte en alguien mejor y más fuerte de lo que eras o creías ser; alguien con más recursos para la vida.

Al igual que una oruga sufre en su período de metamorfosis para convertirse en mariposa, la ansiedad posibilitará que te acerques más a tu verdadero ser, a tu verdadero camino, y dejes de sentirte perdido o indefenso. Tú eres el responsable de lo que sientes y la ansiedad te ayuda a tomar cartas en el asunto.

El temor a la ansiedad que condiciona viene solo del hecho de no comprenderla. Cuando en un inicio aparecen sus síntomas, creemos que se trata de una enfermedad mortal o peligrosa, y no nos damos cuenta de que únicamente es un mensaje del cuerpo para decirnos que necesitamos espabilar; no nos percatamos de esta necesidad de cambio, pero algo que llevamos dentro ha decidido hacerlo por nosotros, y debemos hacerle caso.

Reconociendo esta verdad empezarás a tomar cartas en el asunto acompañado de una nueva sonrisa, una nueva versión mejor y más fuerte de ti mismo.

5.1. Tú eres la mariposa, no la oruga

Tengo la opinión de que la ansiedad se manifiesta sobre todo en personas que dan muchas vueltas a las cosas. Sin duda lo pienso porque me considero un buen ejemplo de que es así; también me ayuda creerlo el saber que muchas de las personas que he conocido que han padecido o padecen ansiedad tienen mucho de mí o yo de ellas.

Algo común en las personas con ansiedad es que suelen buscar un sentido más amplio a su vida. Son gente que comprende que la vida es algo más que pasar los días sin más dejándose llevar.

Por ello, si quieres y te apetece (yo lo hice y me ayudó mucho), siéntete diferente, distinto, pero nunca inferior, sino incluso superior a aquellas personas que no valoran la ansiedad o son capaces de tratar como una piltrafa a quien la sufre. Piensa que en el mundo animal seguramente muchos no tendrán ansiedad, y quizá se deba a que disponen de un cerebro más pequeño, tanto que no perciben el cambio, no necesitan sufrir ansiedad porque tampoco necesitan mejorar.

Si para ti la vida es algo diferente a lo que te han contado, si sientes que eres tú quien debe descubrir el camino a seguir o simplemente hay cosas que te gustaría mejorar, siéntete especial, diferente, mejor. **Tú eres la mariposa, no la oruga.**

Más tarde (si es que aún no lo has hecho), te darás cuenta de que mucha de la gente que sufrió períodos de cambio al igual que tú merece más la pena que muchos otros que prefieren reír de lo que consideran desgracia ajena.

De este modo, la primera acción para combatir la ansiedad será reconocerla como un período de cambio, una metamorfosis que te convertirá en una persona mejor, no como una enfermedad o una debilidad de la que somos víctimas.

Reconoce en ti a alguien especial e incluso, si quieres, mejor o más sensible. No hagas tuyas palabras como «enfermo», «loco», «débil» o «defectuoso». En este período de cambio, debemos mantener esa sonrisa que nos ayude a superarnos, así que, «alégrate» y «siéntelo», siente estas palabras e incorpóralas a ese nuevo yo que nace en ti, continúa sonriendo porque la luz está cada vez más cerca.

Una vez comprendemos el poder que llevamos dentro, estamos preparados para afrontar la enfermedad que intentó doblegarnos: atacando nuestros errores, **las causas**, atacaremos nuestros síntomas, **los efectos**.

Como ya sabemos, los síntomas revelan las causas y al mismo tiempo, y no menos importante, indican las acciones que debemos llevar a cabo.

Hemos visto que este trastorno presenta síntomas de diferentes tipos: físicos, psicológicos, de conducta o sociales. Al igual que con los síntomas, existe lo que podríamos denominar «tipos de causas», **las nuestras**, causas que siguen la misma lógica y que desencadenan dichos síntomas. Para simplificar englobaremos las más importantes en una breve lista:

- Responsabilidad ante la vida.
- Drogas o derivados.
- Fobia social.
- Gente tóxica.
- Negatividad y preocupación.
- Sedentarismo o hábitos alimentarios.
- Otros factores.

Estos fueron algunos de los puntos que fui tratando en aquel que sería mi camino ante la ansiedad. Recuerdo que no creé ninguna lista en su momento, pero a día de hoy creo que, de haberlo hecho, todo hubiera sido mucho más sencillo.

Orientados por la brújula de aquello que sentimos, comenzaremos a atacar cada uno de nuestros síntomas.

> **Cree en ti y empieza a sentir el cambio.**

5.2. La responsabilidad es tuya

> Pocas cosas pueden ayudar más a un individuo que darle responsabilidad y hacerle saber que confías en él.
>
> BOOKER T. WASHINGTON

No soy gran amigo de los libros de autoayuda ya que, o usan métodos complicados o bien hacen demasiado fácil aquello que de sencillo tiene bien poco. Sin embargo, debo decir que también entre ellos existen auténticas obras de arte. Si tuviera que elegir uno, creo que sería *Tus zonas erróneas*, de Wayne Dyer.

Si un día sientes necesario realizar cambios drásticos en tu vida, puede que te guste este libro y te ayude en gran medida, pero el momento no es ahora. Ahora tienes que centrarte en tus síntomas, en mejorar y eliminar la ansiedad patológica de tu vida, y ten en cuenta que, como sabrás, hacer varias cosas a la vez no suele traer buenos resultados.

El libro de Wayne Dyer trata básicamente de hacerte entender que gran parte de aquello que no funciona en tu vida se debe a que, simplemente, no eres responsable. Las zonas erróneas de tu vida se deben a esa cantidad absurda de excusas que te das a ti mismo para no atacar tus problemas. Como bien explica Dyer, muchas veces preferimos considerarnos víctimas por la tranquilidad e incluso los beneficios que nos aporta el sentirnos así, que atacar el problema reconociendo que somos los únicos responsables.

Esta es la base del presente capítulo: tú eres el responsable de tu vida, cualquier cosa que decidas sentir depende solo de ti, cualquier necesidad depende también única y exclusivamente de ti, y recuperar el equilibrio debe ser ahora tu mayor prioridad.

Quizá hayas pensado que la ansiedad es más fuerte que tú, pero otros muchos ejemplos vivientes demuestran que no es así. Estoy seguro de que, en cuanto acometas pequeñas acciones en tu vida, tu ansiedad empezará a remitir.

La primera y más importante de todas las acciones radica en que seas realmente consciente de que tú eres el único responsable; de ti depende superar la ansiedad, echar balones fuera no sirve de nada.

Como irás viendo en el resto del capítulo, afrontaremos diferentes necesidades, y no olvides que, como indicaba en las primeras páginas, este es un libro de acción en el que **tú eres el principal protagonista**.

La ansiedad no es algo místico o imposible, llega a nosotros con un propósito específico y sus síntomas se relacionan con nuestro modo de observar las cosas. Todo esto da a entender que la solución al problema no está fuera sino dentro de uno mismo. Sentirse víctima responde a un único propósito, vivir condicionado por la ansiedad, cosa que, imagino, no estás dispuesto a aceptar.

Superar la ansiedad es tan simple como quieras apreciarlo y no depende de la alineación planetaria, de algún tipo de brujería o de la justicia universal. Es importante empezar a ver el mundo con otros ojos y, dentro de esta nueva perspectiva, apreciar en ti a esa persona con recursos que siempre fuiste, alguien responsable de su realidad, alguien que está totalmente decidido a poner de su parte para mejorar su calidad de vida, alguien con toda la intención ya que, de lo contrario, no estarías ahora leyendo este libro.

Puesto que eres una persona responsable, no busques la solución a tus problemas en otros o en otras compañías. Apoyarse en alguien y creer sentirse más seguro en su compañía es un error muy común que puede crear dependencia.

No busques la solución fuera. Como la responsabilidad está en ti y las acciones deben ser única y exclusivamente tuyas, apoyarte en alguien en exclusiva no reducirá ninguno de tus síntomas. Aunque al lado de alguien quizá te sientas mejor, hay una vida ahí fuera que te espera, un mundo en el que, en ocasiones, lo quieras o no, estarás por completo solo.

Si únicamente te sientes seguro en compañía de ciertas personas, puede ser algo positivo ya que a lo mejor estás aprendiendo a rodearte de la gente correcta (como verás más adelante), pero evitar otras realidades o utilizar estas personas monopolizándolas para afrontar la ansiedad no es otra cosa que esconder el problema.

Con la ansiedad tu vida se tambalea. Por eso, todas tus

acciones deben ir dirigidas hacia una meta: recuperar el equilibrio.

Si tu estabilidad depende exclusivamente del apoyo de otras personas y estas un día eligen otro camino, el golpe puede ser mucho más fuerte. Por lo tanto, aprende a luchar solo; este es el mejor momento.

Rodearse de personas que te apoyan o te animan a sentirte más fuerte es una sabia elección, pero superar tus problemas depende solo de ti. Las causas de tu ansiedad están en ti, los síntomas son tu brújula, la brújula de un camino que debes recorrer en solitario. La responsabilidad de tu ansiedad es tuya y de nadie más, por ello los cambios deben venir de ti.

> **Tú eres el máximo responsable de lo que sientes, cuanto antes lo entiendas, antes mejorará tu suerte.**

5.3. Di no a las drogas

Mens sana in corpore sano.

JUVENAL,

Sátiras

Las drogas y algunos de sus derivados como puede ser el café u otros excitantes son sustancias con un efecto directo y casi automático en la ansiedad y sus síntomas.

Si te cuesta creerme y convives con la ansiedad, te animo a que hagas un sencillo experimento: tómate una taza de café y date cuenta de cómo en pocos segundos aumentan algunos de tus síntomas, sin ir más lejos, tu taquicardia.

Como las drogas tienen un efecto tan directo, considero que es una de las primeras causas que debemos tratar. En cuanto lo hagas, notarás un cambio, te sentirás mejor, ya que parte de los síntomas que más incordian habrán menguado o incluso desaparecido.

No soy ni jamás he sido un puritano, y tampoco pienso o busco alejarte de experimentar cualquier cosa que te apetezca, ni mucho menos. Creo que experimentar es la base de todo aprendizaje ya que debe ser uno mismo quien dé sentido a sus acciones y a su mundo, quien sepa qué le gusta y qué no, y como yo también intento ser así, una de las cosas que menos me gusta es juzgar o ser juzgado. Por todo ello, hagas lo que hagas, no quiero que te sientas sentenciado, pues con mis consejos únicamente busco que empieces a actuar para dar solución a tus problemas.

En mi caso, experimentando e investigando directamente conmigo mismo, me di cuenta de que la mayoría de las drogas no iban conmigo. Sigo siendo bebedor de fin de semana, pero, al margen de esto, no consumo otras drogas y en parte sé que debo dar las gracias a la ansiedad.

Pienses lo que pienses sobre los estupefacientes, debes reconocer —y con este capítulo espero ayudarte— que las drogas (sobre todo las químicas) afectan a tu vida y al modo en que te sientes. Si no tienes cuidado, ciertas drogas pueden hacer que sentirte contento sea cada vez más complicado.

La química rige el cerebro y la felicidad depende directamente de ella.

Como debes de saber, si ciertos componentes químicos se mezclan entre sí, se crean reacciones, y habrás visto en películas o experimentado en el laboratorio del colegio que algunas reacciones llegan a provocar verdaderas explosiones.

De esto se deduce fácilmente que nuestro cuerpo no es el mejor lugar donde realizar cierto tipo de experimentos con sustancias, en muchas ocasiones, desconocidas.

Drogarse no es muy diferente a realizar un ensayo con un componente —la droga— del que apenas o nada conocemos, y menos aún su reacción en nuestro organismo; por ello, jugar con algunos tipos de drogas puede ser parecido a entretenerse con una bomba de relojería, pero el problema es que este explosivo lo llevamos dentro.

En el cerebro la química lo es todo. La felicidad se puede entender como un estado, fruto de un pensamiento, que convertido en sentimiento se transforma en sensación.

Superar un reto, ganar un premio u observar a un ser querido, al margen de cuál sea la acción, provoca que al reconocerlo (razonamiento) sintamos (sentimiento asociado al pensamiento de reconocer) una bonita sensación, la felicidad. Aunque no veamos la química por ningún lado, siempre ha estado presente.

El hecho de sentirnos felices se debe en gran medida a una serie de hormonas como la serotonina, la dopamina o la oxitocina, que son segregadas por nuestro cerebro al transformar el pensamiento en sentimiento. La serotonina y la dopamina nos hacen más felices; no la superación, el premio o el ser querido, sino las hormonas que generan esta sensación, y la serotonina, al igual que la dopamina y que muchas otras hormonas, son pura química.

Existen muchas hormonas, pero para resumir y ayudarte a comprender la importancia de la química del cerebro, te hablaré de las que más nos afectan, tanto para lo bueno como para lo malo.

Tres son las hormonas del placer:

- *La serotonina*, que afecta a la serenidad, el optimismo, la concentración, la autoestima y el estrés.
- *La dopamina*, el juez de las expectativas que tenemos sobre las cosas. Un buen resultado genera altos niveles de esta sustancia, aumentando la sensación de placer; un mal resultado genera lo contrario, con lo que la sensación es opuesta.
- *La oxitocina*, la hormona del amor. Interviene en el enamoramiento, el orgasmo, el amor maternal y el apareamiento.

Si nuestro cerebro es capaz de segregar cantidades altas de estas hormonas, nuestra felicidad irá en aumento. Por el contrario, si por lesión cerebral, enfermedad, desequilibrio, genética u otra causa como puede ser el consumo de drogas, los niveles no son los adecuados, la sensación predominante será la tristeza.

La mayoría de las drogas afectan de manera directa en

la segregación de estas sustancias. Por ello tras un chute podemos sentirnos felices o experimentar una sensación similar a la del orgasmo.

Esto demuestra que las drogas afectan a nuestra química y, como con casi todo, el exceso puede provocar lo contrario a lo deseado. El motivo es bastante sencillo de entender:

La droga comunica a nuestro cerebro la necesidad de segregar hormonas como la serotonina en cantidad desmesurada. Esta asociación estupefaciente-subidón no solo conlleva que asociemos esta alteración repentina con la droga y que nos volvamos adictos, pues necesitamos esta sustancia para sentir lo mismo (factor psicológico), afecta también al normal funcionamiento del cerebro, lo desestabiliza y suele provocar que los neurotransmisores encargados de segregar esta u otras hormonas dejen de funcionar correctamente, por lo que los niveles normales segregados disminuyen.

Para entenderlo más fácilmente, piensa en el modo de administrar tus ahorros: el chute hace que despilfarres a lo loco, con lo que después te quedará menos y tendrás que rascar el bolsillo, con la única diferencia de que rascar en felicidad puede traer muchos problemas a tu vida.

Puedes entender así que algunas sustancias atonten y muchas hagan infelices a las personas que las consumen, lo preocupante es que, en ocasiones, pueden transformarte para toda la vida.

En el caso de que consumas estupefacientes, debes entender que el consumo de muchas sustancias va asociado directamente a tu estado físico y emocional, así que cuanto antes las elimines, ya sea temporal o definitivamente, mejor te sentirás y más estable estará tu organismo.

Si el café puede afectar a tus síntomas casi de un modo automático, imagina el efecto que pueden tener drogas más fuertes como la marihuana, el speed o la cocaína. Este es tu momento para pasar a la acción, no hay otro. Convéncete firmemente de que, al menos hasta que seas tú quien controle la ansiedad y no al contrario, ciertas drogas tienen que desaparecer de tu vida. Tu organismo está en desequilibrio y ahora es el peor momento para realizar cierto tipo de pruebas químicas.

Antes de cambiar de tema y pasar a otras causas, me gustaría comentarte, aunque a lo mejor ya lo sabes, que existen unas pastillas que se utilizan para combatir la ansiedad, los llamados ansiolíticos.

En mi convivencia con este trastorno (cuando aún no conocía el proceso del que hablo en este libro), las utilicé en contadas ocasiones, pero pronto descubrí que sus efectos no me gustaban ni ayudaban en absoluto.

Tras mi primer paso por urgencias, el médico que me trató me indicó que esas pastillas podían ayudarme a conciliar el sueño. Yo no sabía, aunque pronto lo descubriría, la nueva dificultad que encontraría en acciones tan básicas como dormir, por lo que esa misma noche decidí utilizarlas.

Recuerdo que en aquellos tiempos leía mucho para intentar evadirme de aquella complicada realidad. Entre tantas lecturas hubo un libro que me encantó, se titula *Alguien voló sobre el nido del cuco* y cuenta la historia de un criminal que, como prefiere el psiquiátrico a la cárcel, se hace pasar por loco.

La novela explica la vida entre los muros de un psi-quiátrico, describe de un modo genial diferentes tipos de locura y ayuda a comprender cómo, de jugar con la locu-ra, puedes acabar quemándote; el protagonista de la histo-ria pasa de ser alguien excesivamente cuerdo a una per-sona perdidamente loca.

Fue mientras leía aquel libro cuando comencé a sentir la necesidad de recurrir a esas pastillas. Poco a poco me di cuenta de que el efecto de estos calmantes en mí era muy similar al descrito en muchos enfermos mentales tras ser medicados.

Es cierto que los ansiolíticos te calman, el problema es que algunos lo hacen hasta tal punto que te dejan literal-mente grogui. Si los has probado, habrás observado que en ocasiones solo falta echar la baba.

Era capaz de estar leyendo un libro durante horas sin haber comprendido ni procesado una sola frase hasta caer dormido, y levantarme al día siguiente con una sensa-ción de letargo que podía habérmela producido tanto el haber dormido cinco minutos como durante quince días seguidos. Debido a estos efectos y a otro hecho que llamó aún más mi atención, decidí dejar de tomar ansiolíticos. La otra razón fue aquel «examen borrón» al que me he referido en capítulos anteriores.

No necesitaba esperar a que se me cayese la baba para darme cuenta de que, en mi caso, era mejor dejar a un lado aquellas pastillas, aunque me costase dormir y fuese difícil convivir con los síntomas.

Convencido, decidí eliminar de mi vida los ansiolíti-cos. Únicamente los tomaría en ocasiones (hablaré de ello en el capítulo «Trucos del durante»), para sentirme más seguro.

Si aceptas un consejo, deja cualquier tipo de droga que afecte a tu estado presente, no abuses de los medicamentos y tómalos solo en caso de máxima necesidad o prescripción médica. Comprende que tú eres más fuerte y que, si lo necesitas, la naturaleza tiene medicamentos mucho más sanos.

Salir a correr, rodearte de gente positiva, ver una buena película o tener buen sexo son medicinas mucho mejores y duraderas y, sobre todo, harán que superes la ansiedad sin condiciones ni dependencias. Creer que la solución es exclusiva de sustancias como los ansiolíticos no es para nada una idea inteligente.

El uso de ansiolíticos puede ser muy adecuado para tratar trastornos de ansiedad en sus inicios, ya que ayudan al cuerpo y a la mente a resetearse y volver a empezar. En casos complicados de ansiedad, ante determinadas fobias o siempre que los prescriba el médico, su consumo puede ser un gran empujón, pero, como todo en esta vida, hay que saber regularse y no convertir un apoyo en adicción. Recuerda que será tu acción ante la ansiedad la que te llevará a superarla, nunca una o varias pastillas.

En este capítulo iremos eliminado todo aquello que afecta directamente a tus síntomas. Enseguida descubrirás (deberías empezar ya) que las drogas son el factor más directo de todos en ese desequilibrio que estás sintiendo.

Di no a las drogas y rápidamente te sentirás mejor.

5.4. Existe una hierba que puede ayudarte

Nota importante: Si eres mujer y tomas cualquier tipo de anticonceptivo, usas algún otro tipo de fármaco o utilizas algún antidepresivo recetado por tu médico o psiquiatra, puedes saltarte las páginas de este capítulo, ya que el hipérico puede contrarrestar e incluso eliminar los efectos de estos u otros fármacos. Si no es ninguno de estos tu caso, puedes seguir leyendo, pero recuerda que esta planta podrá convertirse en tu aliado temporal en esta lucha, un empujón que te anima y apoya, nunca en tu solución.

Seguro que has entendido que las drogas, sobre todo en estos momentos, cuanto más lejos mejor. Si eres (mejor dicho eras) fan de algún tipo de hierba, es fácil que el título de este capítulo haya llamado tu atención.

Te puede sonar raro que, tras un tajante «¡no a las drogas!», pase a hablarte sobre una hierba que puede ayudarte, pero así es. Esta planta con propiedades milagrosas se llama «hipérico» y en países como Alemania es considerada una medicina y se vende en farmacias para tratar diferentes trastornos, entre ellos, la ansiedad.

El hipérico, también conocido como «hierba de San Juan», se puede adquirir normalmente en herboristerías. La hay en diferentes formatos o soluciones como pastillas, gotas o infusiones; si pensabas en fumarla, siento decirte que esta hierba no se fuma.

Te animo a que si puedes hagas la prueba hoy mismo. Busca una herboristería cerca del lugar en que te encuentres y hazte con ella.

Espero haberte ayudado a comprender que las drogas o medicinas como los ansiolíticos, lejos de ayudarte a combatir la ansiedad, suelen conseguir el efecto contrario. Podríamos entender estos calmantes como una medicina con efecto a corto plazo, con un efecto similar a un dardo anestésico, y por ello en algunos casos vienen prescritos. Una pastilla de esta «droga» consigue eliminar la ansiedad por un tiempo, pero, ¡atención!, se lleva consigo también tu energía, tu vitalidad y ánimo, haciéndote sentir un muerto en vida. El objetivo de los ansiolíticos es eliminar la ansiedad dirigiéndote hacia el sueño. Así pues, si quieres llevar una vida normal, tanto yo como cualquier profesional médico, e incluso tú mismo —si los has tomado alguna vez—, te diremos que no es para nada la mejor solución; es más, no es siquiera una solución.

Para hacer desaparecer la ansiedad, esta debe ser tratada. No existe ninguna medicina que realice esos cambios por ti, debes actuar tú y, para ayudarte, el hipérico puede ser un buen aliado.

A esta hierba también se la conoce como «la planta de la alegría» o «la hierba de la luz», y el apodo de «San Juan» se debe a que su etapa de floración se inicia el día 24 de junio, día del santo, fecha en que comienza el verano y llega la luz y la alegría; con estos apodos, resulta sencillo cogerle algo de cariño.

Su uso viene de tiempos remotos. Ya en la Antigua Grecia se creía que disponía de propiedades mágicas y se utilizaba para expulsar demonios; también se creía que atraía el amor y garantizaba la felicidad y la salud. Son muchas las propiedades de esta hierba que tienen que ver con la salud.

En concreto, parece tener un efecto directo en la depresión leve y la ansiedad, el principal objetivo de este libro.

Como es una medicina totalmente natural, no tiene efectos nocivos, y por ello suele ser prescrita para casos de desánimo, tristeza y ansiedad, e incluso dicen que puede ayudar a superar la timidez.

Respecto a la ansiedad y la depresión, tras muchos estudios realizados por agencias de salud internacionales se ha descubierto que ejerce un efecto tranquilizante y contribuye a equilibrar el sistema nervioso de la persona que lo toma, ya que al incrementar los niveles de melatonina ayuda a dormir mejor y calma la ansiedad sin alterar ni inhibir el deseo sexual o la capacidad cognitiva (al contrario que las pastillas ansiolíticas).

Yo probé esta hierba en alguna de mis etapas de ansiedad y, sin entender bien por qué (seguramente se debía a sus propiedades curativas), sentí que me daba ese empujón necesario para, conocedor de mi compromiso ante mi vida y mis necesidades, realizar las acciones que me acercasen al cambio, al equilibrio.

Como te comentaba al principio de este capítulo, haz la prueba. No lo dudes, introduce el hipérico en tu vida y siente sus efectos mientras sigues ayudándote de este libro para conseguir tu objetivo; esta hierba puede darte el impulso que necesitas para llevar a cabo las acciones que te acercarán a eso que la vida quiere para ti.

Entenderás que superar la ansiedad o cualquier reto que la vida te plantee depende única y exclusivamente de ti, de modo que, si usas el hipérico o cualquier otra «ayuda» externa a ti, recuerda siempre qué es y será un apoyo, jamás la solución. Nada ni nadie (tampoco esta planta) deberá condicionar tu realidad. Si introduces el hipérico en tu vida, hazlo a modo de empujón; una vez en marcha, podrás dejarlo cuando quieras, pues no lo necesitarás.

En cualquier caso, esta hierba puede ser una medicina válida para tratar algunos de los malestares que produce la ansiedad, pero no es indispensable. Superar la ansiedad depende única y exclusivamente de tu acción y eres capaz de conseguirlo sin necesidad de recurrir a ningún tipo de ayudas externas. Piensa en el hipérico como en un reconstituyente vitamínico que puede aportarte fuerza en caso que sientas la necesidad; el resto siempre depende de ti.

> El hipérico puede aportarte fuerzas para enfrentarte más animado a cada uno de los síntomas de la ansiedad.

5.5. Aprende a relativizar, reduce tu fobia social

> Los ojos de los demás son nuestra cárcel;
> sus pensamientos, nuestra jaula.
>
> VIRGINIA WOOLF

Entre los muchos síntomas de la ansiedad, la falta de equilibrio es tal vez uno de los más comunes, condicionantes y fastidiosos de todos. Tal vez no te hayas dado cuenta aún, pero esta sensación se presenta casi en exclusiva cuando estamos en público. Piénsalo y haz memoria, porque quizá este sea también tu caso.

Uno de los modos de comprender fácilmente que la ansiedad tiene una parte física y otra mental es pensar en cómo y cuándo se presentan algunos de sus síntomas, por ejemplo, los vértigos.

En mi caso, esta y otras sensaciones empeoraban en cuanto salía de casa. En la calle, en la universidad, en el autobús o ante determinadas personas comenzaba a sentir un desequilibrio tal que me apoyaba constantemente en cualquier cosa.

A raíz del vértigo me di cuenta de que la parte mental, la preocupación, ese miedo a sentirse ansioso al reconocer nuestro desequilibrio, no hacía otra cosa sino aumentar la intensidad de los síntomas. El porqué es bien fácil: cuando sufrimos ansiedad no nos sentimos seguros y, sin embargo, la vida nos obliga a estar dentro pero también fuera de casa, donde no nos encontramos siempre tan cómodos.

El truco para controlar muchas de las manifestaciones de este trastorno está en eliminar agobios o angustias innecesarias. Como vimos en capítulos anteriores, el creer que podemos sufrir una afección más peligrosa nos hace sentir aún peor. Todo esto es producto de la mente, si bien es fácil comprender que, de padecer una enfermedad realmente grave, el factor mental no tendría nada que ver con los síntomas físicos.

Vivimos en un desequilibrio interno generado por uno de nuestros cerebros y, si le damos de comer más miedos, nos vamos a sentir peor; es más, si creemos que esos temores son reales, podemos acabar condicionando el resto de nuestra vida.

El vértigo no se debe a nada que no sea la falta de seguridad que sentimos al convivir con este desequilibrio. Al estar con otra gente que consideramos «normales» y reconocernos a nosotros mismos inestables, débiles o defectuosos, respiramos de un modo más rápido, se aceleran nuestras pulsaciones y cada vez llega menos sangre y oxígeno al cerebro, lo que nos causa la sensación de vértigo y nos induce a pensar que vamos a desmayarnos. Esta última sensación aumenta la fobia social. Puede que pensemos: «Si me desmayo, ¿qué van a pensar de mí?» o, peor aún, puede que ni siquiera pensemos nada y únicamente nos demos cuenta de que en casa, con nuestra pareja o familia, no nos ocurren estas cosas y prefiramos evitar salir a la calle.

La cuestión es: **¿deseas tener una vida alejada del resto del mundo?**

Sabes que, si quieres vivir una vida plena, la respuesta es no.

Sé que quieres y mereces una vida feliz, de modo que reconoce que la causa de que tu fobia social haya aumentado son tus síntomas y aprende a gestionarlos. Dar menos importancia a situaciones, personas y circunstancias, entender que aquello que sufres tiene un nombre y reconocer la relación directa entre el agobio y sus síntomas será la mejor solución.

La sudoración, la taquicardia y la hiperventilación generan tus vértigos y todo nace en tu cabeza debido a tu agobio por sentirte distinto, por no sentirte seguro. Es muy importante que lo entiendas y que empieces a cambiar tu planteamiento ante ciertas circunstancias que reconoces que te alteran. No estás enfermo ni eres diferente y, sobre todo, no eres peor que nadie. Todo nace en tus pensamientos y estos pensamientos puedes controlarlos, mejorarlos e incluso cambiarlos.

Es importante que hayas entendido bien el último párrafo, así que insisto.

Si no comprendes que muchos de los síntomas de la ansiedad los generas tú mismo debido al modo en que te sientes ante distintas situaciones, puedes convertirte en esclavo del problema por creer que aquello que sientes no depende de ti mismo y que no tienes el poder de afrontarlo o cambiarlo. No hay nada de místico en tus síntomas o reacciones, porque todo empezó... dentro de ti.

Tú eliges qué camino tomar ante la ansiedad, y el más sano y sencillo pasa por reconocer que **tú tienes el control, no ella.**

Debemos aprender e introducir en nuestra vida una nueva e importante habilidad mental: aprender a relativizar.

Relativizar: Conceder a algo un valor o importancia menor del que le damos.

Comienza a usar esta palabra en lo que a la ansiedad se refiere. La ansiedad no mata, es temporal, y sus síntomas crecen cuando nos focalizamos en ellos. Cuanta menos importancia les demos, más disminuirán, reconócelo y comienza a tomar cartas en el asunto.

El secreto para luchar contra esta ansia ahora y en cualquier ocasión en que pueda presentarse es darle menos valor del que le damos, comprender que la ansiedad únicamente nos está pidiendo un cambio necesario, que no es nada definitivo ni mortal y que tan solo debemos actuar (de nada sirve preocuparnos) para conseguir ese cambio.

No sé si alguna vez has sufrido de mal de amores. Si es así, te habrás dado cuenta de que lo que duele no es pasar del amor al odio, el verdadero dolor lo trae la indiferencia.

La indiferencia mata cualquier sentimiento y aquello por lo que sufres ahora se debe a lo que sientes. Si ante una situación social temes por el qué dirán o piensen de ti, ha llegado la hora de cambiar tu forma de razonar.

Comienza a ser indiferente ante algunos síntomas y ante lo que ciertas personas puedan pensar de ti, relativiza tu problema temporal alegrándote y observando que estás cambiando.

Cuando, por ejemplo, cojas un autobús lleno de gente y comiences a sentir sudores, palpitaciones o cualquier otro síntoma, obsérvate y date cuenta de lo que sientes. Analiza el modo en que tu mente crea tus síntomas y, cuando te des cuenta, realiza alguna actividad que te devuelva la calma. En el capítulo «Trucos del durante» tienes algunos ejercicios, puedes buscar alguno que pueda ayudarte y comenzar a trabajar en ti.

Si aplicas la indiferencia y el arte de relativizar ante esas situaciones sociales que te generan ansia, verás que los efectos disminuyen, tu seguridad crece y comienzas a observar la influencia directa que tienes sobre tus síntomas.

Ha llegado un período a tu vida en el que vas a aprender a dar el valor justo a las cosas, personas y situaciones; tus síntomas te lo están indicando y debes hacerles caso.

Relativiza y observa cómo en pocos días serás capaz de convivir con la ansiedad, aprender de ella y superarla hasta el punto de no temerla, de vivir con o sin ella de modo que no te preocupe que siga contigo o vuelva a tu vida.

Cuando ante la ansiedad aprendí a observarme, reconocí la manera en que se daban estos cambios en mí; cuando llegaban los síntomas, algo me alertaba y de esta forma aprendí a tratarlos. Yo tenía la llave para calmar mi mente y en consecuencia también las causas de mi desequilibrio. Al actuar ante mis síntomas comencé a sentirme cada vez mejor y a aprender a reaccionar en un modo que haría de mi vida una vida mejor

En tu período de metamorfosis, en tu proceso de crecimiento personal, te darás cuenta de que debes lidiar con muchas dificultades; trabajando para superarlas te irás haciendo y sintiendo más y más fuerte y este sentimiento se convertirá en tu mejor aliado mientras aún convives con la ansiedad.

No evites las situaciones sociales, limítate a aprender a controlarte y controlarlas. No estás loco, ni enfermo terminal y tampoco eres una persona débil, únicamente estás cambiando.

> **Empieza a dar menos valor a lo que sientes y pronto te sentirás mejor; los síntomas empeoran cuando nos focalizamos en ellos.**

5.6. Evita la gente tóxica

Un verdadero amigo es el que se acerca a ti cuando el resto del mundo te abandona.

WALTER WINCHELL

El hombre es un lobo para el hombre.

PLAUTO

Dicen que los verdaderos amigos se reconocen en los malos momentos, una verdad que tarde o temprano la vida te demuestra.

Ante la adversidad o los problemas, mucha gente prefiere salir huyendo que invertir tiempo o energías en ayudarte. Aquellos que sigan a tu lado en tus momentos difíciles son las personas que no debes dejar escapar. Personalmente creo que este es uno de los secretos para disfrutar de una vida mejor: aprender a ser selectivo con las personas que entran en ella; no basta con aceptar, debemos elegir.

Con la ansiedad aprenderás a apoyarte, conservar y valorar a quien realmente merece la pena; te harás más selectivo y, créeme, pocas cosas hay tan importantes como saber elegir a quienes te acompañarán en el camino.

Puesto que somos animales sociales, podemos encontrar un buen símil en la naturaleza. Por poner un ejemplo, hablaré de las gacelas.

Imagina que eres uno de estos animales y que, corriendo para escapar de una liebre que confundiste con un león, tropezaste y te rompiste una pata. Antes de tu cojera, muchas gacelas se divertían a tu lado, tenías muchos amigos y una familia genial, podríamos decir que eran «tus gacelas».

Tras la cojera, tanto tú como tu entorno habéis advertido que tienes un problema. Tal vez no tengas tiempo para lamentar tu suerte o tus errores, o tal vez sí, pero lo que es seguro es que reconoces que tu vida peligra (con la ansiedad tu vida no peligra, pero tu presente se ha vuelto bastante más complicado), sabes que necesitas recuperarte y estar en las mejores condiciones para volver a correr lo antes posible ya que, ahí fuera, hay leones y, si no corres, es fácil que pronto pases a formar parte de su menú diario.

Ante la dificultad y el cambio, el negativismo inundará tu vida, te sentirás abatido y te darás cuenta de que muchas de aquellas que considerabas «tus gacelas» se alejan de ti.

Del mismo modo, pues tú te lo has ganado, buena parte de ellas seguirán a tu lado esperando y animándote a que te recuperes y vuelvas a disfrutar de la mentalidad y vitalidad que tenías antes de sufrir este altercado, y también es posible que se acerquen a tu vida nuevos compañeros con la única intención de ayudarte.

Algunas de las que antes te acompañaban seguirán a la manada sin esperar a que te recuperes, te dejarán de lado porque se sienten más seguras junto al resto de «gacelas sin problemas» e incluso alguna quizá te considere una causa perdida o se ría de tus problemas.

Quienes se alejan encontrarán diferentes excusas. Habrá quien simplemente querrá continuar disfrutando de los beneficios y de la seguridad que proporciona seguir a la manada, otras se sentirán aburridas de escuchar tus problemas y habrá quien prefiera disfrutar sin más de su suerte y prescindir de esa pobre gacela coja en la que te has convertido.

Descubrirás otras que no solo te dejarán de lado sino que intentarán meter el dedo en la llaga haciéndote sentir más débil e incomprendida, una raza de la peor calaña. Te costará entender el porqué de tanta maldad, pero esas personas existen, son sujetos que ante sus sentimientos de inferioridad únicamente se sienten importantes atacando a sus semejantes; de este modo creen infundir miedo o respeto, y esta es su triste manera de defenderse ante posibles ataques. Estas gacelas se sienten cojas sin serlo y, aunque atacando, están siempre a la defensiva. No debes temerlas ni hacerles caso, ya que entonces se harían más fuertes. Al comprender la pequeñez de su realidad, a este tipo de sujetos únicamente hay que ignorarlos, ya que ¿qué sentido tiene atacar o despreciar a un semejante para sentirse grande o importante?, piénsalo bien.

Así pues, si alguien te ataca, devuélvele indiferencia. Ya será el karma quien un día le haga reconocer esa cojera mental poniéndolo en su sitio ante su pequeñez.

Las personas somos animales y, al igual que le pasó a la gacela coja, necesitamos elegir a la gente que nos apoya, escucha y se mantiene a nuestro lado sean cuales sean las circunstancias, seres que ayudarán a que este camino llamado vida sea lo más bonito y apacible posible. La ansiedad, esa cojera temporal que estás padeciendo, es un momento perfecto para ayudarte a reconocer a las personas que merecen la pena y a las que es mejor dejar de lado. Cuanto antes pongas tierra de por medio con la gente que te complica el presente y complicará el futuro, antes volverás a correr y, sobre todo, menos duros serán tus períodos de rehabilitación.

Esas personas que te animan y defienden, esas que te comprenden y escuchan (aunque en ocasiones pueda ser difícil), esas que sufren o lloran a tu lado, las que esperan a que tu pata mejore para volver a correr juntas e incluso te ayudarían a luchar contra un león si fuese necesario, esas son las personas que necesitas a tu lado ahora y siempre; y ahora es el mejor momento para que te des cuenta.

Ante mi cojera (mi ansiedad), aprendí a reconocer quiénes eran las personas importantes en mi vida y quiénes no. Mis síntomas me ayudaban a entenderlo y reconociendo estos indicadores empecé a ser más selectivo al elegir el tipo de compañías que quería a mi lado.

Aquella primera ansiedad se llevó consigo falsos amigos y me acercó más a los verdaderos, me liberó de personas que al igual que las drogas afectaban a mi estado físico y mental, seres que envenenaban aquel presente, que podríamos considerar gente tóxica.

Como consecuencia de la ansiedad, observarás que algunos de aquellos que considerabas amigos no quieren escucharte, te avergüenzan en público, se ríen haciéndote sentir débil o simplemente pasan de ti y de tu problema; te darás cuenta de que con estas personas tus vértigos y tu fobia social aumentan y muchos otros síntomas empeoran.

Ante la necesidad de recuperar la calma, una vez más la ansiedad nos indica el camino y, en este sendero, nos enseña que cortar por lo sano con este tipo de sujetos hará seguramente de la nuestra una vida mejor.

Del mismo modo que sucede con las drogas, la gente tóxica afecta a tu vida. Si junto a ciertas personas tus síntomas se agudizan, reconoce esta alarma y date cuenta de la compañía que tienes delante: si es su forma de comportarse contigo la que aumenta tu ansiedad, admite que ha llegado el momento de evitarlos.

Si alguna de esas personas es un familiar muy cercano o alguien de quien por compromiso no puedas alejarte, frecuéntalo lo menos posible y protege tu mente de todo aquello que piense, diga o haga; que no afecte a tu realidad ni a tu forma de apreciar el mundo.

Si sigues este camino, cada vez serás más selectivo con la gente que forma parte de tu vida. Durante el tiempo que la ansiedad esté contigo, te darás cuenta y, poco a poco, habrás convertido esta capacidad de selección en una nueva e importante virtud que te acompañará el resto de tus días.

Actúa contemplando este indicador y nota cómo vas mejorando a la vez que te haces más y más fuerte. Estás empezando a relativizar tus síntomas, a ser indiferente al qué dirán y más selectivo con todo aquello que tiene un efecto directo sobre tu estado de ánimo. Con o sin dolor, eres consciente de que la ansiedad tiene un objetivo y, al darte cuenta de esta realidad, sientes cómo tus síntomas van desapareciendo mientras tu amor propio sigue creciendo.

Durante el camino, este mensaje de mejora que la ansiedad trae a tu vida debe grabarse a fuego en tu mente para no desaparecer nunca. Pero no basta con entender la teoría, hay que ponerla en práctica. Por eso, empieza si puedes hoy mismo a ser más selectivo con la gente que forma parte de tu vida.

> **Debes ser tú, y no la vida, quien elija qué personas te acompañan en el camino.**
> **Aprende a reconocer a «tu gente».**

5.7. Piensa en positivo

> Tanto si crees que puedes como si crees que no, en ambos casos tendrás razón.
>
> HENRY FORD

Otro gran valor que aportó la ansiedad a mi vida fue descubrir la gran importancia que tienen los pensamientos en nuestras vidas.

Hoy me doy cada vez más cuenta de esta verdad: nosotros diseñamos nuestra vida y aquello que creamos depende de nuestra capacidad de creer en nosotros mismos, es decir, que activamente damos forma a nuestra realidad. La probabilidad de hacer realidad cualquier sueño depende de forma directa de la intensidad con la que creas que puedes hacerlo real. Para que nuestra realidad sea lo más fascinante posible, tal vez no haya nada más importante que **mejorar y controlar aquello en que pensamos.**

La manera de enfocar nuestros juicios y gestionar nuestras experiencias tiene un efecto directo en nuestra realidad. La frase de Henry Ford con la que comienza este apartado ilustra esta idea a la perfección: si no crees en algo aunque todo a tu alrededor te esté indicando lo contrario, esperarás cualquier señal de la vida para certificar tu creencia, sea como sea te asegurarás de que tenías razón.

Ahora es el mejor momento de imaginar una vida mejor, ha llegado la hora de intentar mejorar nuestros pensamientos.

En aquellos momentos pasados en que convivía con la ansiedad, todo me parecía oscuro y gris, temía por mi salud mental sin encontrar salida y, peor aún, pensaba que tal vez no existiese tal salida, pues en aquellos tiempos sentía que mi vida había cambiado para siempre.

Al igual que en un círculo vicioso, el negativismo, echar las culpas fuera de mí desconfiando y culpando al mundo, hacía que me fuera dejando a mí mismo de lado. Es más fácil echar la culpa a tu mala suerte o a la época que te ha tocado vivir, «echar balones fuera» creyendo que nada depende de ti, que responsabilizarte de la realidad en la que te encuentras y luchar por cambiarla.

Dos son tus opciones: seguir sintiéndote una víctima y que nada cambie o cambiar tu vida modificando tu forma de pensar y responsabilizándote de ella. Tú eliges, pero la ansiedad y tus síntomas no mejorarán mientras decidas considerarte una víctima, sino todo lo contrario; cuanto antes decidas comprometerte con tu vida, antes cambiará tu realidad.

Si todavía piensas que el problema no es tuyo, entiende que la dificultad no desaparecerá por sí sola; si por el contrario comprendes que solo tú puedes cambiar las cosas y te pones manos a la obra, antes de lo que crees las cosas también habrán cambiado.

En conjunto, la ansiedad trata de que aprendamos a aceptar que somos los responsables directos de nuestra vida. El duende ansioso nos pide un cambio de camino, de hábitos, de compañías y de pensamientos, ya que ese antiguo ser que eras se alejaba de lo que realmente tu vida quería para ti.

Debemos ayudarnos de la sabia frase de Epicteto para comprenderlo: «No es lo que nos ocurre lo que nos hace sufrir, sino aquello que nos decimos a nosotros mismos acerca de lo que nos ocurre».

Si decidimos pensar que la ansiedad es un mal sin solución que ha llegado a nuestra vida para martirizarnos, que la mala suerte y este mundo cruel se ha cebado con nosotros, o utilizar pensamientos de ese estilo, nos estaremos enviando un mensaje de que no hay salida ni solución, nos sentiremos tristes y abatidos, derrotados y sin posibilidades y, en este estado, no intentaremos abrir los ojos para encontrar esa luz que nos ayude a vislumbrar la solución.

Si te quejas del mundo, de la vida o del mal tiempo, ya sea ahora que sufres ansiedad o antes de que esta llegase a tu vida, es hora de cambiar esa forma de pensar; lo quieras entender o no, así no vas a ningún lado.

La opción correcta es elegir reconocernos luchadores y luchar; no es importante cuántas veces caigamos, sino cuántas nos levantemos.

Si empiezas por reconocer en ti a un luchador, sea cual sea tu causa, esta convicción no solo te hará superar el problema sino que te llevará aún más lejos: te ayudará a utilizar, conocer y reconocer capacidades en ti para que, ante cualquier problema que llegue a tu vida, en vez de tirar la toalla luches y trabajes hasta resolverlo.

Puedes decidir desde ahora mismo enviarte este mensaje: la ansiedad ha llegado a mí porque necesitaba cambiar ciertos aspectos de mi realidad y, luchando y siendo responsable de lo que me sucede, me dirijo hacia una vida mejor y más plena; en resumen, «no hay mal que por bien no venga».

Si comienzas a responsabilizarte de tu vida y decides adoptar esta nueva forma de pensar, cada día que pase te estarás haciendo más fuerte; si lo reconoces, solo combatirás mejor las dificultades de la vida y además descubrirás y sentirás en ti una persona mejor.

No existe mejor aliado en tu lucha que los buenos pensamientos, así que encuentra el modo de eliminar de tu mente los negativos, combátelos. Un buen truco es identificarlos cuando llegan, decirte que ya basta de pensar así y atacarlos al instante.

Cambiar los pensamientos no es tarea fácil, pero si los

reconoces y los trabajas, comenzarás a aceptar que tu felicidad depende casi exclusivamente de cómo gestionas tu mente, verás que muchas veces te sientes mal porque, tal vez sin darte cuenta, así lo has decidido en tu cabeza. Sentimos lo que pensamos y la felicidad es un sentimiento. Lo creas o no, los pensamientos tienen mucho más poder del que imaginamos. Seguramente el experimento que viene a continuación te ayudará a entenderlo mejor.

UN EXPERIMENTO:
EL EFECTO DE LOS PENSAMIENTOS

Para ayudarte a comprender la importancia de los pensamientos, te hablaré de una investigación sorprendente que tal vez desconoces.

Hace algunos años, un científico japonés llamado Masaru Emoto realizó un experimento cuyo asombroso resultado trajo consigo un mensaje muy importante para la humanidad.

Para llevar a cabo el estudio, el doctor Emoto utilizó dos ingredientes: el agua y, aunque pueda sonar raro, los pensamientos.

Parece extraño que los pensamientos puedan ser utilizados en una investigación, ya que son intangibles. Sin embargo, el señor Emoto demostraría que, aunque los pensamientos no sean algo material, sí tienen la capacidad de transformar los elementos físicos, y su experimento así lo demostraría.

Para realizar el ensayo, el doctor Emoto etiquetó botellas de agua destilada utilizando etiquetas con diferentes expresiones: algunas positivas, como «Amor», «Gracias» o «Sabiduría», y otras negativas, como «Odio», «Miedo» o «Locura».

Durante el tiempo que duró la investigación una serie de personas interactuaba con las botellas expuestas enviándoles pensamientos relacionados con la expresión que observaban en su etiqueta.

Tras el proceso, el doctor Emoto obtuvo muestras del agua de cada botella, identificó, separó y catalogó sus moléculas y evaluó los resultados, que serían sorprendentes...

Al fotografiar estas moléculas con un ultramicroscopio, descubrió cómo el agua —su forma a nivel molecular— reaccionaba a los pensamientos que le habían sido aplicados. El agua destilada no tratada no tenía forma, mientras que el agua a la que se le habían aplicado pensamientos reaccionaba adoptando formas extraordinarias.

Si buscas en internet, verás las imágenes y los diferentes experimentos realizados por este científico japonés. Estoy seguro de que te sorprenderás.

El mensaje de esta investigación es claro: **si los pensamientos pueden hacer esto al agua, imagina lo que pueden hacernos a nosotros.**

Sabemos que nuestro cerebro es química y que el 90 por ciento de nuestro cuerpo está formado por agua. Con este experimento se ha demostrado que el agua reacciona a los pensamientos, de lo que se deduce que pensar de una manera positiva es mucho más importante de lo que creías, ya que, aunque no lo quieras, tu manera de pensar afecta también a tu salud física.

Nos cueste aceptarlo o no, si reaccionamos físicamente ante los pensamientos, podemos entender que sería posible evitar muchas enfermedades y problemas si aprendiésemos a tratarnos mejor.

Aceptar esta verdad es importante, y más aún si vives con ansiedad, ya que el efecto de tus pensamientos influye directamente en los síntomas de tu desequilibrio. Una vez más, sabes que debes seguir luchando para volver a estar en tus mejores condiciones, y una de las acciones más importantes es mejorar tu forma de pensar. En nuestro camino de superar la ansiedad, es casi una obligación ser más positivos, y cuanto antes empecemos, antes nos sentiremos mejor.

Tanto en estos instantes como en cualquiera de los momentos difíciles que te tocará vivir, la negatividad puede convertirse en un hábito que te aleje de tu meta: superar tu problema y comprender el cambio que debes experimentar.

Puedes ver negatividad en muchos lugares, personas o situaciones, pero, si mejoras tus pensamientos, evitarás asociar oscuridad a esas circunstancias: en cuanto a las personas, tal vez sea algo más complicado...

Si entre los tuyos encuentras gente rodeada de negatividad, es momento de alejarse de ella o evitarla; considera esta etapa como una fase de limpieza interior en la que es obligatorio mejorar tu forma de pensar.

Cuanto más sonrías y aprecies tu fortaleza interior, mayor será tu alegría y, a más alegría, menos fuerza adoptarán tus síntomas. Por ello, aunque la ansiedad lo dificulte, es el momento de sentirnos más vivos que nunca.

Sean cuales sean tus motivos, no aceptes que el problema está en el mundo o en la vida. La vida nunca fue del todo justa, sino, piensa en las pobres gacelas, atacadas por leones constantemente.

El proverbio latino «*Post nubila phoebus*» indica que después de la tormenta sale el sol. Utilízalo en tu vida ante cualquier momento de dificultad, como lo es este. Reconoce que todo va a mejorar, y que quizá necesites un paraguas para repeler la lluvia (pensamientos o compañías negativas) y volver a ver el sol. Una de las mejores soluciones consiste en ir hacia ese sol y, como descubrirás en el próximo capítulo, si lo haces corriendo, llegarás antes.

> **Tus pensamientos crean tu realidad. Empieza a controlar tu forma de pensar y pronto observarás cómo también cambia el mundo en torno a ti.**

5.8. Mens sana in corpore sano

> Locura es hacer lo mismo una y otra vez esperando obtener resultados diferentes.
>
> ALBERT EINSTEIN

Como el planteamiento de Einstein bien explica, para que nuestra vida cambie necesitamos cambiar nuestros hábitos, ya que, si hacemos siempre lo mismo, obtendremos resultados parecidos.

Tal vez la buena o mala suerte que muchas personas asocian al destino, a los signos zodiacales o a la alineación planetaria dependa únicamente de lo que hacemos con nuestra vida, y estoy seguro de que responsabilizarte de tu propio destino te traerá mucha mejor suerte que ser virgo, cristiano, musulmán o aprendiz de mago.

Ocuparte de ti mismo practicando ejercicio es una de las acciones básicas para disfrutar de una vida sana, una actividad que deberíamos convertir en hábito frecuente en nuestra vida. Para comprender la importancia del deporte, un buen ejemplo es la gran película *Forrest Gump*.

Imagino que ya conoces la historia de esta película. De no ser así, te animo a que la veas en cuanto puedas, porque te sentirás mejor, ganarás en positividad y tal vez tú también te animes a correr sin rumbo ni destino. Personalmente opino que es una de las mejores películas que he visto y quizá una de las que mejor mezclan el drama, la comedia y la motivación de modo sorprendente.

En la película, el actor Tom Hanks da vida al personaje Forrest Gump, un extraordinario ser humano que, a pesar de las dificultades que la vida puso ante él en el mismo momento en que llegó al mundo, consiguió vivir una vida plena y extraordinaria. Aunque es una película de ficción, sus mensajes son totalmente reales, mensajes que, de adaptarlos a nuestra propia vida, sin duda la harían mucho más extraordinaria.

El mensaje de la película podría ser este: **de ti depende obtener de la vida todo aquello que desees; la realidad la creas tú con tus acciones, sin importar los baches que encuentres por el camino.**

Forrest, luchando literalmente contra viento y marea, consiguió vivir todo aquello que deseaba. Él mismo encontró sus métodos, y uno de los que más le ayudó fue correr. En uno de los momentos más difíciles de su vida, tras la muerte de su madre y el abandono de su amada, Forrest se da cuenta de que carece de objetivos o ilusiones que le ayuden a superar el problema. Ante tal dilema y sin pensárselo dos veces, comienza a correr sin rumbo, dirección o meta. Forrest entiende con rapidez que no hay mejor remedio para eliminar la preocupación que ocuparse de sí mismo.

En lugar de dar vueltas a las cosas y entrar en una espiral de la que difícilmente podría salir, comienza a correr hasta que, tiempo después y con miles de kilómetros a sus espaldas, una idea le hace parar: acababa de encontrar un nuevo objetivo, una nueva ilusión capaz de devolverle la sonrisa.

En nuestra convivencia con la ansiedad, el objetivo lo tenemos bien claro: dejar de sentir sus insufribles síntomas para poder disfrutar una vida sana.

En nuestra lucha, correr, caminar o realizar cualquier tipo de actividad física es seguramente uno de los mejores medios y remedios para volver a gozar de una vida plena. Ya sabemos que dar vueltas a los síntomas no soluciona nada sino todo lo contrario, así que, en vez de invertir tiempo en vano investigando posibilidades que no existen, aprovecha y sal a correr.

El ejercicio optimiza nuestra energía, regula nuestro cuerpo, limpia nuestra mente y, tal vez lo más importante, es el mejor antidepresivo que la naturaleza ha ideado para el ser humano.

Está demostrado que correr es uno de los mejores antidepresivos naturales y, visto que las drogas o los ansiolíticos en estos momentos no nos ayudan en nada, es mejor recurrir a la naturaleza que a nuevos y desconocidos fármacos que te harán bien hoy pero mal mañana. Una vez más, la ansiedad no nos deja otra solución que actuar, y cuanto antes empieces a atacarla, antes conocerás su mensaje y antes desaparecerá de tu vida.

Al igual que a Forrest Gump, la preocupación me puso en marcha y, a partir de aquella época de mi vida, correr varias veces por semana se ha convertido en uno de mis hábitos preferidos.

Para animarte a que no esperes a mañana, te expondré unos cuantos de los beneficios que puede aportar a tu vida una buena carrera contándote alguno de los que trajo a la mía:

- Un efecto inminente en tu estado de ánimo: de inmediato te sentirás mejor al advertir que los síntomas de tu ansiedad se reducen.
- El ejercicio ayuda a controlar tu mente y a ordenar tus pensamientos. Si tienes un problema, correr o realizar otro tipo de actividad física contribuirá a encontrar la mejor solución, ya que el deporte aclara las ideas.
- Te gustarás más y directamente gustarás y ligarás más.
- Tendrás más energía y, sea cual sea tu edad y condición, te encontrarás en posición de realizar muchas tareas que antes considerabas imposibles.

- Dormirás mejor y te limpiarás por dentro y por fuera: tu circulación mejorará, también lo hará tu piel e incluso tus sueños (en el caso de que tengas dificultades para dormir) serán plácidos como cuando eras niño.
- Bajarás de peso y te acercarás a tu peso ideal.
- Aprenderás a ser más tenaz en la vida al ganar en voluntad.
- Mejorarán tus relaciones sexuales.
- Reconocerás que tú eres el responsable de tu vida.

Estos son solo algunos de los beneficios que te reportará hacer ejercicio, así que no lo pienses más: si necesitas comprarte unas zapatillas, haz de esta tu mayor prioridad. Sabes que la ansiedad no espera y necesita resultados, y cuanto antes los reconozca, antes dejará de incordiarte.

Tal vez siempre has llevado un tipo de vida sedentaria o las dificultades e incomprensión que has sentido te hayan aletargado. En este libro intento ayudarte a que te des cuenta de que tú eres el único responsable de lo que ahora sientes, el único responsable de lo que sentirás también mañana.

La vida no va a cambiar si tú no cambias, no te sentirás mejor si te pasas horas en el sofá lamentándote y la comida (a veces basura) llena tus pequeños instantes de felicidad. Con la ansiedad tienes dos opciones: no hacer nada, seguir con ella y vivir condicionado esperando asustado a que se olvide de ti, o buscar unas buenas zapatillas y ponerte a correr para que pase la tormenta y puedas disfrutar del sol lo antes posible. Tú decides, la responsabilidad es solo tuya.

La mayor dificultad de atarse las zapatillas y salir a correr tiene un nombre, la desgana, pero para combatirla existe un truco muy sencillo: ser más rápido que ella. En cuanto algo dentro de ti te diga «déjalo para mañana», date cuenta, ponte unas zapatillas y sal por la puerta de casa sin pensarlo dos veces (no te olvides las llaves); al cabo de unos pocos pasos te sentirás mejor y la desidia habrá desaparecido por completo. Si el horario te lo permite, te animo a que hagas la prueba ahora mismo y observes los resultados.

Hablo de correr porque personalmente es el ejercicio con el que mejor me siento, pero cualquier tipo de deporte te ayudará a combatir y reducir los síntomas de la ansiedad y a mejorar tu calidad de vida.

Puedes correr o caminar, jugar al fútbol, al pádel, practicar surf, bicicleta, squash o cualquier deporte que exista o te apetezca inventar. No hay excusas de edad o condición, y si quieres usar esta excusa, te animo a que busques un deporte que se adapte a ti, porque si crees que no existe, te estás engañando: caminar, nadar, pasear en bici, hacer flexiones o aerobic pueden ser tu solución ya que, del mismo modo que con las películas en el cine, existen deportes para todos los públicos.

Si persiste la desgana, tampoco hay problema: puedes correr con ella. Ponte una meta inicial de por ejemplo 30 minutos 3 días por semana, sea cuál sea la actividad, y, ya sea a un kilómetro por hora como a cien, supera tu reto y observa cómo te sientes. Una vez hayas superado tu objetivo, tu desgana habrá disminuido, te sentirás más feliz y con más ganas, tus síntomas perderán fuelle y tu cabeza comenzará a creer cada vez más en tus posibilidades.

Aférrate al ejercicio, comprende su fuerza, la tuya, y haz del deporte tu fiel compañero. Te aseguro que, si lo practicas con regularidad durante al menos un mes, muchos de tus problemas disminuirán y tu ansiedad se reducirá considerablemente.

Si las drogas aumentan los síntomas con un efecto directo e inminente, el deporte hace lo contrario: los atenúa de forma directa y automática.

Ante el ejercicio, ante ese nuevo yo que nace en ti, tu cerebro se está dando cuenta de que has comprendido el mensaje y estás trabajando. Ha comenzado tu metamorfosis y, lo creas o no, pronto recogerás los frutos, pronto sentirás los resultados.

La actividad física mejorará tu vida, pero tal vez debas aportar a tu salud otro importante ingrediente: **comer más sano.**

Alimentos como los fritos o las bebidas carbonatadas pueden tener un efecto similar al de las drogas en tu organismo, a la vez que limitan la energía necesaria para llevar a cabo acciones beneficiosas como el ejercicio. Un empacho o una mala alimentación, entre otras, son causas de la desgana.

Si ves que, ante la ansiedad, ha nacido una respuesta en ti en forma de comer más y peor, reconócelo y cambia; a lo mejor no te has dado cuenta, pero comer impulsivamente puede ser una de tus reacciones inconscientes a la ansiedad y, al margen de que lo entiendas, esto afecta a tu equilibrio.

Si tu intestino está más cerrado que de costumbre, presta atención a las comidas que favorecen el estreñimiento, como el arroz, los fritos, las grasas saturadas o la bollería industrial, y hazte un favor: redúcelas o elimínalas de tu vida.

Entiende que lo que comes no solo afecta a tu estado físico. Está demostrado que alimentos como las frutas o las verduras y el pescado producen un bienestar mental que contribuye a reducir la ansiedad y sus síntomas.

Si a tu nuevo o recuperado yo deportista añades un control sobre aquello que entra en tu cuerpo, te estarás limpiando por dentro y lo sentirás por fuera, y es seguro que tu ansiedad empezará a remitir. Son tiempos de cambio y no hay mejor acción que verse y sentirse mejor que nunca: quererte será tu mejor medicina.

> **El deporte cura el cuerpo y la mente. Cuanto antes te pongas las zapatillas antes te sentirás mejor.**

5.9. Conoce y reconoce a tu mejor amigo

Si ya has comenzado a atacar los síntomas de la ansiedad, puedo asegurarte que ya estás sintiendo el cambio; puedo incluso entender que has vuelto a sonreír y también estoy seguro de que empiezas a reconocer los beneficios que comporta haber pasado por este mal trago.

Reconoces en ti a alguien capaz y más fuerte, alguien que lucha e intenta conocerse para hacer de su vida una vida mejor. Esta sensación, descubrir esa potencia que siempre ha existido en ti y notar el cambio, será el mejor aliado en tu lucha.

Probablemente el principal motivo por el que la ansiedad llegó a tu vida fue que te estabas dejando de lado. Mejorar tu autoestima es ahora una exigencia, una necesidad que has comenzado a recuperar en cuanto has decidido responsabilizarte de tu vida para enriquecerla.

Tal vez una de tus preocupaciones mayores, una de las razones por las que el ansia llegó a tu vida, haya sido no reconocer cuál es tu principal objetivo en la vida. Si es así, pruebo a ayudarte.

Tu meta principal es una, y estoy muy seguro de lo que digo. Tu mayor propósito es cuidar y hacer feliz a la persona más importante de tu existencia, ese niño que un día fuiste y aún vive en ti; lograr hacerte feliz a ti mismo.

Una acción directa para ayudarte en tu objetivo, una maniobra que te ayudará también a convivir, tratar y superar la ansiedad, puede ser esta: busca en tus álbumes de fotos familiares, o donde sea que puedas encontrarlas, imágenes de cuando eras niño y, una vez las tengas, obsérvalas, obsérvate y prueba a recordar quién fuiste, qué sentías, cuáles eran tus sueños, cuántas tus ilusiones y pensamientos.

Recuerda qué te hacía feliz y cómo en aquellos tiempos tu misión era bastante sencilla, buscabas disfrutar de tu vida lo mejor posible, y recuerda que casi siempre lo conseguías sin ningún esfuerzo.

Es hora de apreciarte, es hora de regalarte, así que regálate momentos, regálate personas, regálate cosas. Considera que en tu realidad eres tú la persona más importante, habla contigo, trátate bien, no te castigues ni culpes, reconócete.

Con todo esto en mente, vuelve al presente y acepta que tus preocupaciones, ansias y necesidades sin sentido te han alejado del camino, pero también observa cómo en este camino que has empezado a seguir, ese que estamos transitando juntos, has vuelto a hacerte responsable de tu felicidad, de la dicha de ese niño que un día fuiste.

Ahora que has reconocido y recordado cuál es el principal propósito en tu vida, en estos momentos en que afrontas tu problema luchando y responsabilizándote, en estos instantes en que llevas a cabo acciones orientadas a reducir los síntomas de tu ansiedad, ahora que estás consiguiendo crear una mejor versión de ti mismo, ha llegado la hora de reconocer el cambio: es el momento de aceptar y disfrutar de esa nueva versión que está naciendo en ti.

Reconocerte, admitir tu acción, tu lucha y tu cambio será la más potente de tus acciones, un hecho que debe hacerte sentir feliz ante cualquier situación o instante, vivas con ansiedad o sin ella. Este poder será la fuerza que te convertirá en alguien mucho más tenaz ante la vida, alguien con más recursos y capacidades.

Trabajando en ti te irás dando cuenta de la cantidad de beneficios que este período aporta a tu vida. En el último capítulo te confesaré muchos de los que esta lucha trajo a la mía, pero, antes de llegar a él y mientras trabajas para eliminar tu ansiedad, te proporcionaré algunos de los trucos que utilicé en mi batalla. Espero que te resulte útil conocerlos. Los he llamado «Trucos del durante».

No dejes de actuar, continúa cambiando, sigue apreciándote, no tires la toalla, porque todo cambiará, y seguramente antes de lo que creías posible.

Como sientes y entiendes que lo más importante ahora eres tú, y sabes que el camino es la acción, repasa este capítulo de acciones las veces que creas necesarias. El cambio debe ser real, el cambio debe de ser tuyo.

> **Tú eres la persona más importante de tu vida, regálate más de todo aquello que te acerque más a la vida.**

6

Trucos del durante

El secreto de la salud para la mente y el cuerpo reside en no lamentarse por el pasado, no preocuparse por el futuro y no anticipar los problemas, sino vivir en el momento presente seria y sabiamente.

BUDA

En este capítulo intento recordar algunos de los trucos que utilicé para combatir y reducir los síntomas de la ansiedad.

Convivir con este trastorno es convivir con sus sensaciones, y no hay nada peor para intentar reducirlas que centrarte en lo mal que te hacen sentir cuando te crees impotente ante ellas.

Cuando empezamos a notar que los síntomas aumentan, debemos poner en marcha mecanismos que, lo antes posible, nos devuelvan la calma; reconocerlos, asociarlos a nuestra necesidad de mejora y realizar ejercicios para aprender a gestionarlos es asumir el control y, una vez seas tú quien tiene el control, habrás superado el problema para siempre.

Mientras daba sentido a mi trastorno, comprendí que lo que debemos regular o elegir anular es el miedo. La ansiedad no nos condiciona, viene para enseñarnos que necesitamos un cambio. Es el temor el que limita. El miedo te hace sentir pequeño, incapaz, enfermo, diferente, sin recursos o bloqueado, y lo peor es que, si no lo afrontamos, si no sabemos tratarlo, puede ser él quien nos controle a nosotros.

Para controlar cualquier temor, los síntomas deben ser nuestra brújula, los indicadores de aquello que debemos cambiar. Temerlos o preocuparnos no sirve para nada, salvo para que aumenten, de modo que reconocerlos y tratarlos cuando llegan será nuestra prioridad.

Para gestionar muchos de los síntomas y convertirlos de limitantes a indicadores, utilicé algún que otro truco. Aquí resumo unos cuantos, y espero que a ti también te ayuden a entender que debes y puedes ser tú quien controle tu vida.

Acepta el miedo y hazle un hueco

No somos capaces de controlar la mayoría de nuestros temores. Tratamos de evitarlos, pero, aun así, no los controlamos. Miedo a los perros, a las arañas, a que te traicione tu pareja, a perder el trabajo, a que tus hijos consuman drogas, a perder a un familiar... ¿Has pensado en qué medida dependen estos miedos de ti?

Puedes evitar pasar por delante de las casas que sabes que tienen perro, pero no puedes evitar encontrarte uno al doblar la esquina. Aprende a convivir con los miedos y, en lo posible, reconoce que, si aprendes a controlarte, puedes vivir tranquilamente sin sufrir por ello.

Di no a las drogas o a cualquier excitante no natural

Como he comentado a lo largo de este libro, las drogas son uno de los peores enemigos en nuestra vida con ansiedad. Su efecto es directo e inmediato, basta tomar un café para darnos cuenta.

Este truco es sencillo: evita los excitantes como el café, el Redbull o la Coca-Cola (el sexo no lo dejes nunca) y, aún más importante, evita cualquier otro tipo de droga que pueda afectar a tu equilibrio. Drogas como el hachís, el speed, la cocaína y demás te afectarán en gran medida, puedes estar seguro.

Tal vez uno de los motivos principales por los que la ansiedad llegó a tu vida radique en el consumo de estas sustancias. Puede que en tu caso, como en el mío, las drogas no vayan contigo y la ansiedad haya llegado a tu vida para hacértelo entender.

Te guste o no, si quieres eliminar el ansia de tu vida, es el momento de decir no a las drogas.

No te enfoques en ti y en tus sensaciones, desvía tu atención, utiliza distracciones

En cuanto reconozcas que tus síntomas aumentan, desvía tu atención. Deja de apreciar aquello que sientes y centra tu mente en cualquier otra cosa que veas, oigas, sientas o toques. Enfoca tus sentidos hacia cualquier elemento que no sea eso que sufres.

Puedes usar distintas técnicas para distraer tu mente, como una cuenta atrás desde cien, repasar las capitales de países que conoces, enumerar jugadores de fútbol y sus posiciones o contar el número de zapatos que tienes en el armario.

Yo empleaba el siguiente truco cuando sentía que alguna sensación me dificultaba el presente: mientras caminaba por las calles, me fijaba en la matrícula de los coches y sumaba los números hasta que, sin darme cuenta, los síntomas acababan por desaparecer.

Es bueno reconocer los síntomas cuando llegan para comprender qué debemos cambiar. Una vez entendido esto, es necesario llevar a cabo acciones que nos devuelvan la calma. Una puede ser mirar hacia fuera y pensar qué está ocurriendo a tu alrededor.

Este truco se basa en desviar la atención hacia cualquier cosa diferente a tus síntomas. Utilizándolo te darás cuenta de la relación directa entre pensamientos y sensaciones. Si piensas en la ansiedad, esta se hará más grande, pero si, por el contrario, piensas en cualquier otra cosa y restas importancia a lo que sientes, tus síntomas se harán más y más pequeños hasta desaparecer.

Los ansiolíticos, a veces cerca, pero no siempre dentro

El problema de la ansiedad está en la falta de control que sentimos ante diferentes situaciones. Por ello, una buena táctica para recuperar esa seguridad puede ser llevar contigo un ansiolítico.

Existen momentos complicados, sobre todo en los inicios de la ansiedad, y más aún realidades desconocidas que quizá vemos como amenazas reales, en las que tomar ansiolíticos durante unos días puede ayudar no solo a calmar los insufribles síntomas sino, sobre todo, a descansar y a resetear la mente, toda una necesidad ante estados de excesiva angustia, pánico o preocupación excesiva.

Pero como te explicaba en capítulos anteriores, aunque inicialmente necesites apoyarte en esta medicina, poco a poco intenta ser más fuerte y no depender de estos medicamentos. Úsalos solo si no encuentras una alternativa.

Llevar una pastilla contigo puede ayudarte a sentirte más seguro y, en el caso de que las cosas se pongan feas de verdad (solo pasa en tu mente), estas pastillas te devolverán la calma ayudándote a dormir como un oso anestesiado; pero si consigues ser fuerte y poco a poco prescindir de ellas (cosa que sé que puedes hacer), te darás cuenta de que eres tú quien tiene el control.

Ante la ansiedad, tú deberás convertirte en tu propia medicina, y serán tus cambios de mentalidad y acción, y no los ansiolíticos, la única pastilla que siempre tendrás contigo.

Aprende y utiliza técnicas de respiración

No nos damos cuenta de que el agobio que produce la ansiedad afecta directamente a nuestra respiración, y en consecuencia aumenta nuestra taquicardia, la sensación de mareo, la sudoración, los vértigos y muchos de los síntomas que acompañan a este trastorno.

Si ante una crisis de ansiedad sientes que te mareas o te falta el aire, considéralo de lo más natural: te lo estás provocando tú sin darte cuenta, ya que estás hiperventilando; el truco para dejar de hacerlo está en aprender a tranquilizarse.

Es probable que, en estas condiciones, volver a la calma no sea fácil. Para conseguirlo, una buena técnica es respirar introduciendo la nariz y la boca en una bolsa de plástico o de papel. Así conseguirás que aumenten los niveles de CO_2 en sangre, que la hiperventilación estaba reduciendo.

Aprender a respirar más profunda y lentamente ayuda a gestionar esa aceleración impulsiva que genera la ansiedad.

Cuando te sientas ansioso, estés donde estés y con quien estés, date prioridad a ti mismo y respira lo mejor que sepas. Puedes ayudarte del truco de desviar la atención y concentrar tus pensamientos en la respiración en vez de las matrículas. Relajarte te dará calma, te devolverá al estado de equilibrio y te ayudará a reconocer que el control ha estado siempre en ti.

Obsérvate, reconoce el presente y aprende a relativizar

Sabes que tu mente puede rebajar tu grado de ansiedad, pero también sabes que puede conseguir todo lo contrario. Cuando al principio no reconocía la relación directa entre pensamientos y síntomas, vivía continuamente preocupado. Cuando comprendí que los síntomas ante determinadas situaciones los amplificaba yo con mis pensamientos o mi falta de control, comencé a observarme hasta llegar al punto de que mi prioridad era solo una: calmar mi mente. Entendía que ni caería al suelo ni sufriría un ataque cardíaco o cualquier otra paranoia que en esos momentos pudiese imaginar, estaba aprendiendo a relativizar.

Ante esos cambios que sientes en tu vida, no pienses en el modo en que te limitan ni adelantes acontecimientos. Cuando vives con ansiedad, anticipas un mundo catastrófico alrededor de tus miedos, piensas que siempre puede ocurrir lo más temido y lo sientes con intensidad, y esto no hace sino aumentar tus síntomas y la sensación de no tener el control.

Cuando aprendí a observarme y gestionar mis síntomas, generé un mecanismo interno de alerta que me decía: «Ya ha llegado. ¿Qué estás haciendo? ¿Te estás dejando llevar otra vez?». Al reconocerlo y relativizar mis síntomas o la importancia de estos, rápidamente volvía la calma y, lo mejor de todo, aceptaba el motivo y aprendía a reconocer las muchas cosas que aún tenía que mejorar.

Este mecanismo no solo me ayudaría a tratar con la

ansiedad, sino también con la vida, los nervios o cualquier situación que se me presentase y tuviera que aprender a controlar.

Pasa del qué dirán y no seas catastrófico

Cuando, por ejemplo ante situaciones sociales, el vértigo te induce a creer que vas a caer al suelo, deja de darle vueltas porque no caerás, y si lo hicieras, la culpa sería por pensar tanto en ello y en la reacción que has provocado en ti mismo, no por tu ansiedad.

Puedes usar cualquier técnica que conozcas o simplemente aprender a restar importancia a la situación. Si, como quizá te ocurrirá, el vértigo llega en situaciones sociales, comprende que es el agobio de no sentirte en equilibrio y estar rodeado de gente lo que te hace sentir así, tu falta de seguridad; no es la ansiedad, es tu cabeza. Convéncete de que esa preocupación no es real y de que no te estás muriendo, y elimina también la vergüenza que sientas porque tu vida es mucho más importante de lo que cualquiera pueda pensar de ti.

Ante esa angustia que nos generamos en situaciones sociales, mi táctica era relajarme sin más al reconocerlo. Si, por ejemplo, durante una cita, me sentía cada vez peor, probaba a relajarme internamente sin preocuparme si la otra persona necesitaba oír o no algo de mí; lo primordial era yo, y tal vez al hablar menos resultaba incluso más interesante y misterioso.

No des importancia al lugar o la situación

Es fundamental que no rehúyas la situación que causó la crisis. Supera el problema en el lugar donde te encuentres, de lo contrario, puede que te acostumbres a relacionar ese lugar o situación con el miedo, lo que podría generar ataques en el futuro o condicionarte ante determinadas situaciones

Todo empieza en tu cabeza y debes centrarte en controlar las situaciones que te alteran. La circunstancia o el lugar no importan, importa lo que pensemos sobre ellos.

Aprende a meditar o prueba el mindfullness

Tal vez te suene raro, y reconozco que en su momento también a mí me lo parecía.

Puedes pensar que la meditación es cosa de locos o una práctica sectaria o puede que aceptes o conozcas los beneficios que trae consigo. Sea como sea, te animo a que busques en internet quién ha sido reconocida (mediante estudios científicos) la persona más feliz del mundo.

Encontrarás este nombre: Mathieu Richard, un monje budista que, entre otras cosas, como buen budista, medita. Si continúas leyendo sobre su filosofía de vida, verás la relación directa que tienen felicidad y meditación.

Si investigas algo más sobre los beneficios de la meditación, observarás que su objetivo principal es calmar la mente y los pensamientos, ese eterno barullo interno que, sobre todo viviendo con ansiedad, nos hace sentir dementes. La meditación se apoya en la respiración y la relajación, dos necesidades para calmar nuestros síntomas, busca que aprendamos a observar cuáles son las reacciones a nuestros pensamientos y síntomas, ayuda a que reconozcamos que aquello que sentimos nos lo causamos nosotros mismos con nuestro modo de pensar.

En posición de loto, levitando o caminando, muchas de las acciones que estamos llevando a cabo para tratar nuestra ansiedad no son muy distintas de la meditación.

¡Pruébalo! Lo hagas bien o mal te aportará calma, mejorará tu respiración y tu ritmo cardíaco y, como resultado, tu ansiedad disminuirá. Con la práctica es posible que nos sea mucho más sencillo detectar las causas que generan muchos de los síntomas que estamos combatiendo.

Haz ejercicio

Para mí, el deporte es la mejor y más sencilla de las acciones que te ayudarán a disminuir la ansiedad, y seguramente también la más rápida y directa.

Haciendo ejercicio conseguirás eliminar pensamientos negativos y reducir muchos de tus síntomas; calmarás tu mente y mejorarás tu respiración y el ritmo cardíaco. El ejercicio es un todo en uno: consigues mejorar tu vida mediante actividades sencillas.

Es también la práctica más simple, porque no necesitarás realizar otras actividades como puede ser desviar la atención o controlar tu mente, pues haciendo ejercicio todo llega solo.

Si lo pruebas mientras tratas la ansiedad, notarás sus beneficios al instante, sentirás cómo tras hacer ejercicio se reducen tus síntomas. No dejes para mañana una práctica que puedes empezar hoy.

Elimina la negatividad

Elude los pensamientos, personas, situaciones o lugares negativos; evita películas, libros o noticias negativas. Saca de tu vida cualquier cosa deprimente porque es el momento de creer en el mundo y en la vida, toca creer en nosotros mismos.

Ante la dificultad que sientes acompañado de tan complicados síntomas, cualquier señal de negación puede inducirte a tirar la toalla, y eso es lo último que debes hacer. No dejes que tus síntomas te engañen, eres mucho más fuerte que tu ansiedad.

La negatividad puede hacerte creer que es el mundo el lugar equivocado, que eres solo una víctima y que nada depende de ti, cuando la realidad de la vida te dice y siempre te dirá todo lo contrario.

Antes o después, la vida te demuestra que eres el responsable de lo que sientes, el único capaz de salir de este o cualquier problema que se pueda presentar. Cree en ti, cree en tu cambio; te estás convirtiendo en alguien más valioso, más fuerte y sabio, alguien con más recursos para la vida, en definitiva, una persona más feliz.

Busca lo positivo y, si no llegas a verlo, invéntalo. Muchos estudios certifican que sentimos lo mismo ante una experiencia vivida que ante una imaginada, así que, si el ambiente no es el más adecuado, busca un libro, una película o cualquier cosa que pueda ayudarte a sumergirte en otra realidad que te llene de ilusión. Este es el mejor momento para soñar, aunque debas hacerlo despierto.

Evita la monotonía

Evita la dejadez, la desidia o el pasotismo. La tristeza es fruto de la monotonía y el aburrimiento y, como veíamos antes, a la ansiedad le ganamos con energía positiva.

Comienza a hacer cosas diferentes, ve a lugares que no frecuentabas, lee libros que antes no leías, conoce a personas distintas (conocer a gente que ha superado un problema más grave que el tuyo te ayudará a relativizar), apúntate a un curso o ten nuevas experiencias. Viaja, ríe, come, sueña, canta, baila, ama, prueba a realizar actividades que te hagan ver la vida con nuevos ojos porque, lo quieras o no, necesitas un cambio de perspectiva.

Si aun así crees que todos los días son iguales, te invito a que hagas una sencilla prueba: cada mañana al despertar observa el cielo y las nubes. ¿No ves ningún cambio? Puedo asegurarte que no existen dos días iguales.

La monotonía, el aburrimiento e incluso la tristeza están solo en tu cabeza, así que es hora de cambiar de perspectiva.

Aprende a decir no

La ansiedad es fruto de la angustia, del agobio incomprendido, del sufrimiento inobservado. Cuando nos sentimos ansiosos, comienzan a asaltarnos más y más pensamientos acerca de nuestros síntomas, nuestra posible enfermedad terminal o nuestra creciente locura. Ante tal caos, nuestro cerebro no para de dar más y más vueltas a todo, son tantos los pensamientos y tienen tan poco sentido que creemos enloquecer hasta el punto de marearnos y tener la sensación de caer al suelo.

Suponemos que pensar nos devolverá la paz, cuando es todo lo contrario.

Ahora no es el momento de sumar agobios o tareas innecesarias, de modo que aprende a decir no a cosas que no quieras hacer o a personas que no te aportarán calma o positividad, evita todo aquel jaleo mental innecesario.

Entiende que este período de la vida, la tuya, está reservado para ti. Ahora que convives con la ansiedad, vives un tiempo valioso para estar contigo y aprender de ti, para alimentar el amor propio, para calmar tu mente y realizar actividades que te acerquen a la vida, al equilibrio.

Si hay cosas, circunstancias o personas que van a alejarte de todo ello, aprende a evitarlas.

Si has de dar una explicación, usa la ansiedad como excusa o invéntate aquella que mejor pueda ayudarte; tú eres la persona más importante de tu vida y ahora necesitas cariño, especialmente el tuyo.

Busca el aprecio de quien te quiere

Las personas que te quieren deben ser el espejo en el que reflejarte, el abrazo en el que consolarte.

Apóyate en esas personas que te ayudan a sentir calma, que no te exigen, que te comprenden y escuchan, aquellos que son una extensión tuya, no lo contrario. Envuélvete de sonrisas, buen ambiente, salud y positividad. Nunca fue mejor momento para sentirte más ligero, reconócelo, y, tanto con ansiedad como sin ella, haz tuya esta nueva lección: **la vida es un largo camino que no podemos recorrer solos; cuanto mejores sean las personas que nos acompañen y más aprendamos con y de ellas, más bonito será nuestro viaje.**

Aprende a escuchar

Aprender a escuchar es tal vez una de las mejores actividades para mantener una vida social sana. Si, instigados por la ansiedad, intentamos mejorar esta tarea, no solo mejoraremos nuestras dotes de comunicación y fortaleceremos nuestras amistades, también podremos recurrir a la escucha para evadirnos de nuestros síntomas y conocer realidades diferentes a las nuestras que nos ayuden a relativizar la importancia que damos a nuestros problemas.

Si en ocasiones sociales tus síntomas empeoran, mejora tu respiración, busca tranquilizarte y enfócate en aquello que están diciendo, no solo oigas, ¡escucha!

Como eres más selectivo con tus amistades y las personas que te acompañan en el camino, es fácil que las situaciones sociales hayan cambiado y te encuentres más a gusto y seguro, así que aprende a escuchar y a dar importancia a esa gente que has elegido mantener a tu lado. La amistad es dar, recibir y devolver, un ciclo que, cuanto mejor discurra, más alegría traerá a tu vida.

Escuchar te centra en el presente, te hace mejor amigo, mejor amante, mejor hermano, mejor interlocutor, a la vez que ayuda a que te evadas de lo pequeño de tu mundo para comprender que hay mucho más ahí fuera.

Como nuestra intención principal ahora es dar menos valor a nuestros síntomas, si cuando intentes mantener una conversación pones toda tu atención en aquello que la otra persona te está contando, estarás centrándote en otras realidades y quitando valor a tus síntomas.

Hay más vida fuera, más realidades, problemas mayores y diferentes. Nos toca relativizar mientras mejoramos nuestro entorno, y escuchar es una tarea sencilla que nos acercará al cambio.

Prepárate para lo mejor

Igual que anticipamos el fracaso, también podemos anticipar el placer. La probabilidad es la misma, porque todo depende de dónde pongas tu atención y de las oportunidades que quieras observar, creer y crear.

Existe la llamada «profecía autocumplida» que dice que las personas terminamos provocando aquello que anticipamos; si lo piensas, seguro que en tu vida encontrarás muchos ejemplos.

Es evidente que, si esperas cosas buenas, tenderás a percibir y encontrar lo bueno. Si, por el contrario, empiezas el día pensando que lo vas a pasar mal, sentirás vértigos y mareos y realmente tendrás un día horrible, porque estarás esperando signos relacionados con el mareo, con las malas caras, el ruido o todo aquello que pueda fastidiarte el día.

Así pues, ¡enfócate en lo bueno! Cambia ese «ya lo sabía yo» por un «ya ves, ha sido genial como esperaba, y yo lo he hecho posible».

Pasa tiempo contigo y regálate

Ya sean cosas o personas, momentos o experiencias, intenta regalarte cosas que te hagan sentir más vivo cada día.

No es necesario que sean costosas. Regalarte consiste más en hacer cosas para ti, cosas que te aporten ilusión.

Estás cambiando, lo estás consiguiendo tú y te mereces ser tratado mejor que nunca. Has de considerarte como esa gran persona que siempre has sido y que ahora, con la ansiedad, estás conociendo mejor.

Da un paseo, toma ese helado que te encanta, regálate un viaje, una actividad, un libro, una bicicleta o una aventura. Es hora de que te diviertas contigo, de que sientas alegría mientras te conoces y mejoras, es momento de que te mimes. Descubre por ti mismo todo tu potencial y sonríe al darte cuenta de que estás cuidando con cariño a ese niño que un día fuiste y siempre está a tu lado.

Ha llegado la hora de recordar y no olvidar que tu principal propósito en esta vida es uno y bien simple: hacerte feliz.

Con todos estos trucos y muchos que descubrirás en tu propio camino, el mensaje cada vez es más claro:

Te has vuelto responsable de tu vida y estás trabajando en ello, eres un luchador y responsabilizarte de tu vida es la acción más sabia que hayas podido emprender ahora o nunca.

Al igual que un navegante tiene que saber cuándo cambiar de rumbo o cómo funciona una brújula, tú debes aprender a surcar los muchos y diferentes mares que en esta vida te tocará navegar, y estos trucos pueden convertirse en las herramientas que te ayuden conseguirlo.

> **Para controlar la ansiedad y cualquier otro miedo, los síntomas son los indicadores de aquello que debemos cambiar; reconocerlos y tratarlos cuando aparecen será nuestra mejor cura.**

7

Mi vida tras la ansiedad

La vida no va de encontrarse a uno mismo, sino de crearse a uno mismo.

GEORGE BERNARD SHAW

En estas páginas he tratado de contar una historia, una experiencia que se convirtió en un camino del que obtuve una gran lección, mientras aprendía a convivir con una extraña enfermedad aparentemente sin sentido y desconocida, llamada ansiedad.

En aquella etapa en la que el miedo se apoderó de mí y sentí enloquecer temiendo que mi vida hubiera cambiado para siempre, la preocupación llenaba mis días.

Tras unos complicados inicios en los que me costaba aceptar lo que me ocurría y no lograba entender el motivo de aquellos insufribles síntomas, llegó un día en que, impotente como me reconocía, decidí buscar ayuda. Sin saberlo, había tomado la decisión más acertada.

Un psicólogo, unas cuantas sesiones y un libro cambiarían el modo de afrontar aquel presente hasta entonces tan complicado. Este cambio adoptaría la forma de un nuevo camino que me ayudaría a superar la ansiedad para el resto de mis días.

Vencer aquel duro reto que la vida había puesto ante mí me haría interiorizar herramientas que me permitirían gestionar mejor los problemas, a la vez que comprender el significado y el modo de tratar con la ansiedad. La intención de este libro ha sido ayudarte a entender este proceso, una lección que, de haberla conocido yo cuando este problema se presentó en mi vida, lo habría superado con mucha mayor facilidad y rapidez.

Básicamente estos serían mis pasos:

- *Reconocer que aquellos complicados síntomas tenían un único diagnóstico: la ansiedad.* Ni me estaba volviendo loco ni sufría un cáncer o padecía del corazón. No existía otra enfermedad en el mundo que englobase tantos y tan diferentes síntomas, no había más opciones. Aceptarlo y reconocer qué era realmente aquello a lo que me enfrentaba me aportó mucha más calma de la que puedes imaginar, a la vez que me ayudó a eliminar numerosas preocupaciones y a dirigirme hacia un objetivo en concreto. Conocer el problema me permitió acercarme a su solución.

- *Intentar descubrir cuáles eran mis causas,* reconociendo esos errores que me habían llevado a descubrir palabras como «homeóstasis» o «cerebro reptiliano». Al conocer mis motivos, todo cobró sentido: afrontarlos sería la solución al problema y el único modo de superar la ansiedad. Reconocer mis síntomas (cuándo y por qué se producían) sería la brújula que me indicase el camino hacia la meta.

- *Responsabilizarme y trabajar en mí mismo.* La vida no cambia si tú no cambias, está demostrado; el mundo no es malo ni bueno, sino como desees apreciarlo tú. Solo tú tienes la capacidad para cambiar tu realidad, y existe un único modo posible: actuar. Contra la ansiedad, como ante cualquier otra dificultad de la vida, la única manera de no dar palos de ciego es afrontarla reconociendo que eres tú y no el mundo quien superará el problema. Esperar, evitar o creer en pociones mágicas no te servirá de nada. En cuanto te decidas y utilices esa fuerza que llevas dentro, todo, incluso la intensidad de tus síntomas, empezará a cambiar.

- *Activarme actuando.* Si había cosas que no me gustaban, solo yo podría combatirlas, así que tocaba invertir mi tiempo en la persona más importante de mi vida, yo mismo. Utilicé muchos de los trucos que comento en el capítulo anterior y descubrí hasta qué punto los síntomas y mis causas estaban totalmente relacionados. Actuar me permitió descubrir uno de los secretos más importantes de la ansiedad: yo era capaz de calmar mi mente hasta eliminar mis síntomas, era yo quien tenía el control. Descubrir este hecho y ponerme a prueba no hizo sino ratificar que aquello que padecía tenía un nombre y que con mi acción podría superarlo.

- *Recordar e interiorizar la lección aprendida.* Este último paso de reconocer que dispones de nuevas herramientas y que eres más fuerte porque has sido capaz de superar esta dura etapa sirve para afrontar de otro modo futuros problemas que en la vida se pudieran presentar.

Sabía que la ansiedad jamás condicionaría mi vida, ya que aprendí a superarla y sabría hacerlo de nuevo. Recordar el proceso y utilizar tus propias herramientas deja una impronta en tu cerebro que te asegura que ninguna enfermedad podrá condicionarte; sabes que siempre fuiste, eres y serás más fuerte.

La ansiedad me hizo más sabio, me hizo reconocer esa potencia que llevamos dentro, una fuerza interior que es capaz de llevar a cabo la mayor de las hazañas si realmente decides creer en ti, me hizo entender que la potencia sin control no sirve de nada y que es nuestra responsabilidad tomar el control de nuestra vida.

Aquellas lecciones traerían nuevos beneficios a mi vida. Algunos serían temporales, pero muchos otros los llevaré siempre conmigo.

7.1. Los beneficios de la ansiedad

La felicidad es beneficiosa para el cuerpo, pero el duelo desarrolla los poderes de la mente.

MARCEL PROUST

Como he comentado, puedes convertir la ansiedad en un enemigo que te perseguirá por el resto de tus días, si quieres, o ser más inteligente y convertirla en tu aliada, comprendiéndola, sabiendo que lleva consigo un mensaje y luchando por descifrar esa verdad que te ayudará a mejorar tu calidad de vida.

Si adoptas la solución inteligente, te darás cuenta de que los efectos de tu cambio son rápidos y directos, te sentirás mejor en pocos días y, lo principal, adoptarás actitudes en forma de herramientas que te ayudarán a desenvolverte en la vida.

Si aún no las tienes todas contigo, te animo a que lo pruebes ya sin esperar a mañana; no hay nada más importante en tu vida que tu propia felicidad y es imposible ser feliz si funcionas mal por dentro.

En este camino, en tu vuelta a la vida, sentirás cada vez más los beneficios de tu paso por esta dura etapa. Si has empezado a trabajar en ello, probablemente ya te has dado cuenta.

Debes aceptar que la ansiedad ha llegado a ti con un mensaje y que trabajar en ti propicia que el camino sea divertido a la vez que beneficioso. Paso a paso, con mucho amor propio y paciencia, comprenderás que vives mejor y te conoces mejor, entenderás que das un sentido más importante a la vida, a tu gente, a tus acciones y, ayudado de esta lección, volverás a sonreír, tal vez más y mejor que antes.

Afrontar la ansiedad te acerca al camino; darte cuenta de tu responsabilidad ante la vida te mete de lleno dentro.

Todo depende de cómo observes las cosas. Por eso, el mejor modo de percibir esta etapa pasa por ser consciente de la necesidad de sacar a la luz a ese luchador que llevas dentro, así como de los beneficios que la convivencia con este problema puede traer a tu vida, mejorando múltiples aspectos que la ansiedad ha demostrado que necesitabas cambiar. Haz tuyo el dicho de «no hay mal que por bien no venga».

A continuación relaciono algunos de los beneficios que la ansiedad trajo a mi vida, de entre los muchos que puede aportar:

- *Comprendí que soy yo el responsable de lo que me ocurre y que solo yo puedo cambiar mi realidad.* En cualquier situación de dificultad, cuanto antes dejes de sentirte víctima, antes empezarás a ver la luz, saldrás del problema y te acercarás a la solución. Vivir, aprender y pasar a la acción me hacía sentir más pleno, y ese sentimiento entraría a formar parte de mí para siempre. Interiorizar este mensaje, esta verdad, junto al recuerdo de haber podido con algo tan complicado, desestabilizante, misterioso y aparentemente sin sentido como es la ansiedad, me ayudó a superar muchos de mis futuros miedos, puesto que reconocía que la mayoría los creaba yo con mi manera de pensar. Sabía que, ante cualquier problema futuro, el proceso sería similar al que había utilizado para superar la ansiedad. Con tu cambio, con tu acción, puedes reconocer el progreso y el mensaje, ser consciente de la relación directa entre acción y resultados. Actuando recuperarás la ilusión, el verdadero motor de la vida que te hará comprender que superar este y cualquier problema es y será siempre posible.

- *Comprendí la causalidad*. Aquello que llega a nuestra vida es un efecto, es el fruto de una o varias acciones del pasado. Esta idea es aplicable a cualquier suceso y pone de manifiesto que echar balones fuera no hace otra cosa sino alargar la angustia. De este modo, ante cualquier problema busco primero cuáles son mis causas, para evaluar en consecuencia cómo revertir la situación.

- *Eliminé la hipocondría de mi vida* al comprender que la preocupación sin sentido empeoraba mi estado. Centrarme en mis síntomas y asociarlos a otras enfermedades era la peor de las acciones para eliminarlos.

- *Aprendí a relativizar la vida y mis problemas* al comprender que echar más leña al fuego contribuía a aumentar las quemaduras. Relativizando encontré algo de paz, ya que descubrí que la ansiedad es un mal menor tratable y que convivir con ella tal vez me ayudaría a mejorar otras facetas de mi vida que podían y debían mejorarse.

- *Entendí que las drogas no iban conmigo* al advertir que el mero hecho de tontear con ellas traía consigo o aumentaba buena parte de mis desagradables síntomas. Esta lección forma parte de mí y aún hoy decido alejarme de aquello que sé que, al menos a mí, me afecta y perjudica. Descubrí que somos química y que el hecho de, sin sentido, conocimiento o necesidad, meterme sustancias en el cuerpo podía producir reacciones temporales o de por vida.

- Utilizando varios de los trucos que indico en el capítulo «Trucos del durante», *conocí técnicas que convertiría en herramientas para calmar o cambiar de perspectiva cuando fuese necesario.*

- *Comprendí el efecto de los pensamientos en mi vida* y creé un mecanismo para reconocer y eliminar los negativos cuando llegaban a mi mente. Resultados como los del experimento del agua del doctor Emoto respaldaban esta necesidad. Si no tomamos consciencia, veremos el mundo del modo en que nos enseñaron o nos sentiremos víctimas de una realidad que no podemos cambiar. En cambio, si decidimos responsabilizarnos, nos daremos cuenta de que es posible ver el mundo de una forma mucho más inteligente y sana, una forma que nos ayude a modificar nuestra realidad orientándola hacia nuestros sueños.

- *Con el deporte y el cambio de alimentación mejoré física y psicológicamente*, lo que me reportó beneficios y experiencias agradables. Realicé cambios en mi vida que pasaron a formar parte de mi nueva versión y hoy aún mantengo.

- *Aprendí a tener más fuerza de voluntad.* Acciones como salir a correr cuando no tenía ningunas ganas y sentir sus beneficios o responsabilizarme de mis problemas resolviendo y afrontando realidades como la ansiedad y el miedo han dejado huella en mí. Sé que en mi interior poseo la fuerza y las herramientas necesarias para sobreponerme a cualquier reto; si la apatía o el desánimo se hacen fuertes, recuerdo que soy un luchador y que no son los problemas los que me hacen sentir mal sino el modo de verlos y de reaccionar ante ellos. Mejoré mis círculos sociales al alejarme de lugares, personas o situaciones en las que me sentía peor. Orientando mis acciones a disfrutar más de aquello que me hacía notarme mejor y más vivo, todo mi mundo cambiaría.

- *Comprendí que en la vida hay que identificar cuáles son las personas importantes y por qué.* A partir de vivir aquel período, mis relaciones y amistades son mucho más sanas, fuertes y duraderas. La amistad ha adquirido un valor diferente, quererte es en parte saber rodearte de gente que te aprecie. La vida es dar, recibir y devolver, y para disfrutar de este ciclo al máximo, no hay nada mejor que rodearse de la familia y de buenos amigos.

- *Aprendí a realizar más actividades con las que me sentía mejor* tanto por dentro como por fuera, acciones que me acercaban al equilibrio. Viajar, leer, hacer deporte y practicar deportes de aventura, ir al cine o al teatro y muchas otras tareas se convirtieron en valiosos regalos, presentes que me hacen sentir más lleno y vivo.

- *Acompañado de la ansiedad,* ante mis descubrimientos y acciones comencé a notar los cambios, y superándola entendí que la mayoría de los problemas mentales o físicos que llegan a nuestra vida tienen una causa y un mensaje, y que evitarlos o temerlos acarrean problemas aún mayores. *La base de todo cambio pasa por comprender las causas y actuar en consecuencia,* una verdad que me serviría ante cualquier problema futuro.

- *Reconociendo lo anterior me embarcaría en aventuras que antes de haber convivido con la ansiedad no hubiera creído posibles.* Afrontar y superar este problema me demostraría que la fuerza la llevamos dentro, un poder que podemos usar siempre que lo necesitemos, un motor que debemos utilizar para perseguir nuestros sueños.

- *Superé muchos de mis miedos* al comprender que, ante el bloqueo, hay que pararse a pensar si es necesario seguir igual o afrontarlo. Comprender el porqué de tus reacciones ante tus miedos te ayuda a dar un valor real a las cosas, a orientar tu brújula y, si es preciso, cambiar el rumbo.

- *Aprendí a vivir el presente y a disfrutar más de las pequeñas cosas de la vida.* Utilizando varios «trucos del durante», buscando anular aquellos síntomas mientras me regalaba experiencias y momentos que me acercaban a la vida, aprendí a focalizarme en el ahora. Esos breves períodos de vida en que lograba dejar de sentir ansiedad me devolvían a la única realidad que existe: el presente.

- *También comencé a dar menos importancia al qué dirán.* Si ante un grupo de personas sentía inestabilidad y/o vértigos, dejaba de dar importancia a lo que pensaran de mí y simplemente me relajaba.
- *Aprendí a controlar mi impulsividad,* pensamientos y emociones. Del desequilibrio pronto pasé a un equilibrio mayor al que jamás había sentido; estaba aprendiendo a valorar las cosas en su justa medida, afrontándolas por lo que eran en realidad.
- *Observándome aprendí a conocerme mejor tanto física como mentalmente.* Reconocí mis causas, el mensaje, mis reacciones y luché por cambiar aquello que ese cerebro de reptil que todos llevamos dentro me pedía que cambiara.
- *Reconocí que al ansia la alimenta el miedo, que los síntomas dependen de los pensamientos* (del pavor que sentimos ante el desequilibrio) y que hay acciones capaces de atacar esos síntomas. Interiorizando mis acciones superé muchos temores y afronté otros nuevos.

Todos estos son solo algunos de los beneficios que aporta el comprender la ansiedad, desmenuzar su mensaje y actuar en consecuencia.

El trastorno en sí no es malo. Sus alarmantes síntomas nos obligan a luchar para recuperar el control de nuestra vida, y esta lucha, este duelo personal de superación, trae consigo una gran lección en forma de herramientas para la vida.

En mi caso, a raíz de combatir el problema descubrí la fórmula para superar cualquier futuro duelo que se me pudiera presentar. Me diese cuenta o no en aquel momento, esta lección me convirtió en una persona más fuerte y segura. Sé que tú, al igual que yo, has decidido luchar, y como exansioso puedo asegurarte que la ansiedad no es más fuerte que tú y que jamás condicionará tu vida si así lo decides.

Si eliges actuar y responsabilizarte, descubrirás que, una vez superes este reto, te habrás convertido en alguien que se valora y respeta, una persona con más recursos y capacidades. Ante cualquier factor, enfermedad o situación que necesites afrontar, recurrir a este aprendizaje será la mejor de tus acciones.

Con cada nuevo paso te darás cuenta de que vives mejor, te conoces mejor y das un sentido más importante a tu vida, a tu gente y a tus actos. Tú eres el responsable de tu vida, tú puedes mejorar tu realidad.

7.2. Yo soy y seré más fuerte

> El que vence a los demás es fuerte. El que se vence a sí mismo es poderoso.
>
> LAO TSE

Existe una frase que dice que todo parece imposible hasta que se hace, una idea de alguien que justificaría en vida cada una de esas palabras, Nelson Mandela, uno de los mejores ejemplos para ayudarte a comprender a qué me refiero cuando hablo de la fuerza que todo ser humano lleva en su interior.

Mandela fue una persona de carne y hueso, lo que le diferenciaba del resto era su fuerza interior, su coraje, una energía capaz de hacerle creer en sus sueños ante una realidad en la que cualquier otro ser humano habría elegido derrumbarse por completo.

Ante la total seguridad de acabar sus días en una celda de un metro de ancho por dos de largo, tras haber sido sentenciado a cadena perpetua, decidió creer en otra realidad aferrándose a una idea que lo mantendría sano y cuerdo: el sueño de que un día sería libre y conseguiría liberar también a su pueblo. Tal vez Mandela era la única persona del mundo que lo creía, pero actuó día tras día como si fuera posible hasta convertir ese imposible en realidad.

Lo creas o no, tanto tú como él estáis hechos de la misma sustancia, los dos podéis elegir. También tú puedes decidir creer en ti mismo y hacer brotar esa fuerza interior que te ayude a obtener la mayor de las victorias aun cuando nadie lo crea posible.

Repetirte la frase comentada varias veces en este libro de «no hay mal que por bien no venga» te ayudará a saber llevar, convivir y superar cualquier momento complicado.

Ante la ansiedad, podemos ayudarnos y reconocer que las acciones que nos vemos obligados a llevar a cabo para recuperar el equilibrio nos harán realmente sentir los beneficios; podemos verla como un mal que, si elegimos luchar y mejorar nuestra vida, traerá consigo muchas cosas buenas.

Una vez empieces a actuar de este modo ante el problema, te darás cuenta de que te sientes incluso mejor que antes de haber conocido y convivido con la ansiedad, de que no solo has vencido o estás luchando por superar una gran dificultad en tu vida, sino que, más importante aún, te estás superando a ti mismo.

Actuando comprobarás que atacar el problema y superarlo es una obligación necesaria que te acercará a una vida más plena.

Si has seguido el proceso, has entendido y dado nombre a tus síntomas, te estás conociendo mejor para comprender tus causas y estás llevando a cabo acciones que te devuelvan la calma, estarás superando el miedo a la ansiedad y, una vez lo hayas logrado, te resultará completamente indiferente que vuelva a presentarse o no en tu vida. Habrás hecho tuyo un método para comprenderla y valorarla por lo que es y sabrás que, si vuelve a presentarse, la afrontarás y superarás sin necesidad de sufrir demasiado.

Vivir el proceso que explico en este libro trajo consigo una importante lección y a partir de aquella experiencia reconocí que aquella enfermedad, en un inicio tan inexplicable, preocupante y casi mística, era algo simple, lógico, biológico y de fácil solución.

Observándome descubrí que existían una o varias causas y un proceso que me permitía tratar tanto aquella como futuras ansiedades o miedos bloqueantes. Como si de un catarro se tratase, me di cuenta de que existía un antídoto: había encontrado una fórmula para superar la ansiedad para siempre.

Como ya he comentado, este trastorno volvió a presentarse de diferentes formas a lo largo de mi vida, pero ya nunca fue lo mismo. En cuanto se manifestaba, reconocía sus síntomas automáticamente, buscaba cuáles eran mis causas y descubría su nuevo mensaje para, llevando a cabo acciones y trucos aprendidos, hacer desaparecer sus síntomas y volver a realizar esos cambios que mi vida necesitaba.

Gracias a este proceso, las futuras ansiedades tenían sus días contados y sus síntomas ya no conseguirían desestabilizarme en absoluto. Únicamente durante aquella primera etapa de ansiedad, el desconocimiento, el temor y la preocupación empeoraron mis síntomas y muchos de mis días. Tras comprender qué es la ansiedad y por qué llegó a mi vida dándole el justo valor, casi automáticamente desapareció.

Interiorizar gran parte de estas acciones, reconocer la ansiedad por lo que es y no darle más valor sino aceptar que trae consigo un mensaje sobre lo que esa inteligencia desconocida llamada cerebro reptiliano quería para mi vida lo hacía todo mucho más fácil.

He repetido muchos conceptos a lo largo de este libro con una intención: ayudarte a que interiorices y hagas tuyas las ideas; una vez que reconozcas como tuyo este mensaje, dejarás de temer a la ansiedad.

Si al igual que me ocurrió a mí este problema vuelve a tu vida, ya nunca será lo mismo, ni te condicionará ni te hará sentir inestable, ni tan siquiera sus síntomas serán tan agresivos como lo habían sido antes y, tratarla no necesitará de tanto tiempo o esfuerzo por tu parte.

Es fácil comprender por qué te resultará sencillo afrontarla si la ansiedad decide presentarse de nuevo en tu vida:

- En primer lugar, reconocerás el problema por lo que realmente es. Puede que vuelva en modo de palpitaciones, vértigos, sudores fríos o varios de estos síntomas, la forma no tiene importancia. Al darle el justo valor, la intensidad de sus síntomas disminuirá de tal modo que no limitará ni condicionará tu día a día.
- Sabrás de inmediato que trae consigo un mensaje y que tú eres el responsable de descubrirlo. Estudiarás tu vida, tus cambios y te darás cuenta de qué puede estar afectándote; tal vez simplemente estás viviendo un período algo estresante y han empeorado tus hábitos de vida. Cualquiera que sea la causa, una vez modifiques los errores o acciones equivocadas, la ansiedad y sus síntomas menguarán.
- Habrás interiorizado herramientas para combatir y resolver muchos de tus problemas, sabrás que es posible e incluso agradable ponerte en marcha y pasarás a la acción de manera automática, sin dar demasiadas vueltas al asunto ni sentirte impotente.
- Físicamente puede que te encuentres mucho mejor y con más energía que nunca, por lo que afrontarás tus problemas de un modo más responsable, activo

y positivo. En mi caso, el ejercicio forma parte de mi vida desde que la ansiedad me permitió comprender su importancia y beneficios. La fuerza de voluntad adquirida me ayuda a afrontar retos o necesidades de la vida en vez de apoyarme en excusas que puedan bloquearme.

- Emocionalmente te habrás sabido rodear de gente mejor, habrás entendido la importancia de tus pensamientos, te moverás en ambientes más favorables e incluso reconocerás el efecto directo de algunas drogas en tu organismo. Si por el contrario no has seguido estos consejos, a lo mejor observas que entre tus posibles causas están estas y, como me ocurrió a mí, aceptas que las drogas, por ejemplo, no van contigo.

- Racionalmente identificarás los muchos trucos que te ayudaron a superar esa primera vez y los comenzarás a usar incluso sin darte cuenta, de forma automática.

- Sabes que en el pasado luchaste, venciste y te hiciste más fuerte. Este mensaje formará parte de tu vida y, lo quieras o no, tanto ante la ansiedad como ante cualquier otra dificultad, tu cerebro se valdrá de esta lección para volver a sacar de ti esa fuerza que siempre (aunque a veces no te dieses cuenta o no quisieras creerlo) has llevado en tu interior. Ante cualquier duelo que la vida ponga ante ti, reconocer que en el pasado supiste y pudiste superarlo será siempre tu mejor aliado.

En mi caso, si siento que la ansiedad ha vuelto a mi vida, mis acciones son rápidas, sencillas y directas:

- Advierto que siento algo de ansiedad porque identifico algún síntoma; sé que no es nada distinto porque conozco cómo se manifiesta. Busco información en mi memoria y reconozco que sé afrontar el problema. Además, el recuerdo me dice que no es un problema sino una oportunidad y sé que, al igual que la superé aquella primera vez, volveré a hacerlo, antes y sin necesidad de sufrir.
- Elimino de mi presente cualquier tipo de excitante como puede ser el café o la Coca-Cola para reducir algunos de los síntomas directos. Recuperar algo de calma es la base para volver al equilibrio, y cualquier estimulante artificial tendría el efecto contrario al que en estos momentos yo necesito.
- Relativizo los síntomas y me doy cuenta de que no voy a morir, es más, ni siquiera me voy a desmayar. Sé que la taquicardia es normal y que cuanto menos piense en ella antes desaparecerá y dejaré de sentirla. Comprendo que el sudor, los vértigos y las demás sensaciones dependen directamente de mi respiración y mis pensamientos. Me recuerdo que la peor acción es centrarme en ellos o preocuparme; cuanto antes desvíe mi atención, antes disminuirán y desaparecerán.
- Esos síntomas deben servirme únicamente de brújula para saber qué es aquello que debo cambiar o mejorar en mi vida. Lamentarme, centrarme en

mis sensaciones o angustiarme en exceso favorece que me mantenga en ese preocupante estado. Sé que yo soy el responsable de mejorar mi presente y que el camino ante la preocupación es la ocupación.

- Mi ocupación se convierte en relativizar su poder y utilizar mis trucos para suavizar sus síntomas, a la vez que realizo los cambios que estos últimos me están indicando: es el momento de ocuparse de uno mismo.

- Aprendí a gestionar mejor las relaciones sociales. Sé que no debe afectarme la opinión de los demás, que ciertos síntomas tienen su origen en estas circunstancias y que la fobia social carece de sentido alguno. Sabiendo que no estoy loco y que soy más fuerte que mi problema, la preocupación social unida a la ansiedad no suele durar más allá de reconocer su relación con mi primera sensación de vértigo. Respiro hondo, sé que el mensaje implícito en la ansiedad contribuirá a que me sienta mejor y, con o sin ansia, sigo adelante intentando no evitar este tipo de situaciones.

- Me observo y busco dentro de mí mis nuevas causas. Tal vez me he movido otra vez en ambientes que no tienen nada que ver conmigo, el trabajo que hago o el modo en que lo entiendo me está estresando, he vuelto a la vida sedentaria o, simplemente, he dado demasiado valor a una cosa o una persona y siento que se me cae el mundo encima. Causas hay millones, por lo que toca volver a buscar dentro de ti cuáles son las suyas. Recuerda que la mejor brújula para entender los cambios que la ansiedad quiere en tu vida es observar cuándo y por qué se presentan sus síntomas.

- Reconozco las acciones que tomé en su día y elijo aquellas que considero oportunas ante mis nuevas causas. Sé que pude superarlo y volveré a hacerlo, acepto que no hay mal que por bien no venga y sonrío mientras afronto este nuevo desafío. Siguiendo estos pasos, en pocos días o semanas vuelvo a sentirme bien e incluso mejor que antes de que esta nueva alarma se presentase.

La ansiedad llega para decirme que un nuevo virus está entrando en mi vida, pero una vez lo reconozca y elimine, volveré a vivir en armonía con aquello que la vida, mi esencia o como prefieras llamarlo, considera mejor para mí. En el momento que aceptes que el mensaje es este, habrás conseguido superarla para siempre.

Reconocer esa fuerza interior y sacarla a la luz para combatir los duelos que la vida pone ante ti sirve para demostrarte que tú también eres, fuiste y siempre serás más fuerte de lo que supones. El coraje siempre ha estado dentro de ti y es en momentos como este cuando toca sacarlo a relucir más que nunca.

7.3. Los límites los pones tú

> El único límite para nuestra realización
> del mañana serán nuestras dudas de hoy.
>
> FRANKLIN D. ROOSEVELT

El camino que describo en este libro, un período que comenzó en el momento en que la ansiedad llegó a mi vida y terminó cuando con mi acción conseguí hacerla desaparecer por completo, ahora lo recuerdo como una de las mejores etapas de mi vida.

Dándome cuenta de la realidad de mi problema y trabajando por superarlo, conseguí convertirme en alguien más fuerte, más estable, más seguro de sí mismo y más proactivo. Reconocí el camino y el esfuerzo realizado una vez que decidí sentirme responsable —no víctima— de aquella realidad que se había presentado en mi vida, mientras con la acción aprendía a descubrir cuál era mi verdadero potencial.

Aquella lucha me ayudó a creer más en mí y a ponerme metas mucho mayores de lo que hubiera creído posible antes de padecer aquella inicialmente complicada y desconocida ansiedad.

Esta enfermedad que en un principio me indujo a creer que el miedo condicionaría el resto de mis días había conseguido lo opuesto: convertirme en alguien más seguro de sí mismo, dispuesto a luchar por sus sueños con o sin miedos, alguien que había descubierto en su interior unas herramientas que le ayudarían a vivir una vida más plena.

Gracias a la ansiedad había entendido que el miedo es tan intenso o tan pequeño como decidamos sentirlo. Podemos elegir que condicione nuestra vida o todo lo contrario. El miedo que bloquea está solo en tu cabeza y, si así lo decides, tú mismo puedes hacerlo desaparecer.

Si ante un temor nos bloqueamos, permanecemos aterrorizados ante sus síntomas y no vamos más allá, será el pavor el que condicione nuestro presente. En cambio, si reconocemos que en el miedo se da una relación entre pensamiento y sensación, entenderemos que existen acciones para calmar los síntomas y podremos actuar con el fin de mejorar el pensamiento que provocó ese miedo; habremos conseguido dar con la fórmula para dirigir nuestra propia vida, se presente el miedo o no.

Si, por ejemplo, siento vértigos o taquicardias (síntomas) ante una determinada situación (reacción provocada por el pensamiento asociado a la circunstancia) y decido actuar reconociendo el motivo de lo que siento, tengo el poder de elegir relativizar el problema (cambiar el pensamiento) y encontrar una acción (por ejemplo, respirar más profunda y lentamente) que me devuelva la calma. Actuando habré conseguido controlar mi reacción y dominar los síntomas y mi ansiedad.

Si analizo la causa de mi cambio para después actuar y alterar mi reacción ante ella, seré yo —y no el miedo— el responsable de lo que siento, tomaré el control, y realidades como la ansiedad no tendrán el poder de condicionarme.

Observando ejemplos como este te das cuenta de que

en la vida puedes vivir, hacer o sentir aquello que tú elijas. Los límites, si así lo decides, los pones tú.

Tras responsabilizarme, afrontar y superar aquella primera ansiedad, nació una versión mejor de mí mismo.

Ese nuevo yo más fuerte reconocía que muchas de las limitaciones en las que había decidido creer tenían que desaparecer. Sabía que la responsabilidad era únicamente mía. Yo podía hacerlo posible, y superar aquel problema me lo había demostrado.

Aquel nuevo yo en muchos aspectos irreconocible era más extrovertido, autónomo e independiente, más responsable y menos temeroso; era consciente de que no solo somos responsables de nuestra vida, sino también creadores de nuestras realidades.

Al igual que una oruga sufre lo indecible durante la metamorfosis para salir del capullo y convertirse en mariposa, aquellos tiempos difíciles me habían proporcionado no solo un aprendizaje y conocimiento, sino también unas alas en forma de nuevas actitudes o respuestas automáticas que podría utilizar ante problemas que en la vida se pudiesen presentar. Había aprendido que no nos debemos detener ante el miedo que bloquea, sino intentar afrontarlo aprendiendo de él y de nosotros mismos.

Crecer ante la adversidad, esa sería la mejor medicina contra la ansiedad y contra cualquier problema o duelo que se pudiese presentar. Ese nuevo yo con alas se disponía a vivir aventuras que en aquellos tiempos muchas personas (empezando por mí) habrían considerado imposibles, y más aún tras haber vivido recientemente una dura, duradera y del todo desestabilizante ansiedad.

Algunas de las nuevas experiencias en las que me embarcaría tras superar la ansiedad son la siguientes:

- Al cabo de pocos meses conseguí trabajo en una ciudad que me hacía soñar despierto, aquella adonde llevan todos los caminos: Roma. No creía posible enamorarse de un lugar, pero así fue: llegué con un contrato de cuatro meses y terminé viviendo allí (yo lo quise) más de nueve años.
- Aprendí un idioma que me ilusionaba a la vez que conocía personas de distintos lugares del mundo, ya fueran parejas, amigas o amigos extraordinarios que pasarían a formar parte de eso que hoy considero «mi gente».
- Trabajé en una de las universidades más antiguas del mundo, la de La Sapienza de Roma, durante varios años.
- Viajé por el Sudeste Asiático durante unos cuantos meses, afrontando nuevos retos como hacerlo en solitario o dejar el trabajo en tiempos de crisis.
- Creé una empresa junto a varios amigos y conseguí vender productos en sitios tan exclusivos como la Fontana de Trevi o el Vaticano.
- Crucé el charco para trabajar como director en una pequeña startup en México, otro de los lugares que me fascinaban por su historia y cultura.
- Volé en parapente, probé el flyboard, la tirolina, el surf y un sinfín de actividades que me atraían y en aquellos momentos desconocía.
- Hice parte del camino de Santiago también en soli-

tario, una experiencia que, conociéndome, no me creía capaz de afrontar.

- Me fui a vivir a una isla y obtuve el título de patrón de barco para escaparme a vivir nuevas aventuras cuando se presentase la ocasión.
- Escribí este libro y...
- Seguí creyendo en mí para continuar haciendo realidad algunos de mis sueños, ayudándome del coraje que me daba reconocer que muchos de mis miedos (al igual que la ansiedad) tenían sus días contados.

Reconocer que mis temores jamás condicionarían mi vida sino todo lo contrario me impulsaría a probar y hacer realidad nuevas experiencias que quería o necesitaba vivir por mucho que el miedo intentase acobardarme.

Sé que hay infinidad de personas con una vida más exitosa o extraordinaria que la mía, pero reconozco que aquel nuevo yo consiguió hacer realidad muchos sueños y experiencias que antes de haber emprendido el camino que describo en este libro no hubiera creído posibles.

Siempre fui consciente de que la temida ansiedad podría volver, pero había aprendido que jamás tendría el poder de condicionar mi vida.

Como cualquier persona, yo tendría muchos problemas, pero aquella gran lección me ayudaría a pasar a la acción para ir en busca de aquello que merecía la pena ser vivido.

Del mismo modo que me sucedió a mí, la ansiedad llegó a ti para decirte que vivías cosas que no iban contigo y, gracias a sus insufribles síntomas, no te dejó más opciones que enfrentarte a ella. Por eso, en cuanto actúes, será la acción la que te permita disfrutar de la vida incluso mientras convives con sus síntomas.

Poco a poco irás dándote cuenta de tu poder: tu vida está cambiando y sabes que tú lo haces posible; reconociendo esto notarás que cada día que pasa te sientes más feliz.

Una vez recuperes el equilibrio, te habrás convertido en alguien mejor, una persona más fuerte y con más amor propio, alguien capaz de afrontar muchos de sus miedos y que sabe elegir lo que quiere o no en su vida; habrás aprendido que **nadie excepto tú mismo puede condicionar tu vida.**

Tu nueva versión habrá interiorizado mecanismos que le ayudarán a afrontar nuevos retos, acciones que tal vez antes de conocer la ansiedad tampoco creías posibles.

La experiencia te enseña que en un futuro la ansiedad podría volver a presentarse; la acción te demuestra que en realidad no hay nada que temer. Así pues, si un día el ansia vuelve a tu vida, sonríe. Aprendida la lección, pronto te darás cuenta de que no hay nada que temer sino mucho que aprender, tu nuevo yo sabrá reconocer y relativizar los síntomas, dispondrás de nuevas actitudes y actuarás automáticamente atacando el problema; escuchándola te darás cuenta de que «no hay mal que por bien no venga».

Habrás aprendido que la ansiedad llega a nuestra vida con un propósito: trata de alertarnos de que necesitamos un cambio, aunque con nuestro cerebro racional no lo comprendamos. Tal vez antes de desestabilizar nuestra vida nos lo intentó comunicar. Puede que aquel día que sentimos un inusual dolor de cabeza o unas ganas irrefrenables de llorar fuera ella pidiéndonos un cambio.

A lo mejor nuestras ansias de demostrar, de dirigir nuestra vida usando la brújula de otras personas, nuestras prisas por volver a la calma o desviar la atención con el alcohol, las drogas o la televisión para postergar el cambio no más que encender esa mecha que un día explotó dándonos un toque mucho más fuerte: la ansiedad llegaba a nuestra vida para quedarse.

Ante lo desconocido, ante un cambio tan grande, inicialmente tememos por nuestra vida y nuestra cordura, dejamos que la hipocondría se apodere de nosotros y nos induzca a temer lo peor, sentimos que el fin está cerca. Sin embargo, pasan los días y, lo creamos o no, seguimos en pie.

El tiempo pasa pero no los síntomas, y es entonces cuando debemos darnos cuenta de la realidad, de que eso que sufrimos no tiene otro nombre: es únicamente ansiedad y no tiene la menor intención de acabar con nosotros: ha llegado para que gracias a ella aprendamos a mejorar nuestra calidad de vida, ese es su único propósito.

Este es el mensaje que fui descifrando mientras trataba de recuperar el equilibrio, y cuanto antes lo aceptes y te pongas a trabajar en tu cambio, antes desaparecerán esos síntomas que estás padeciendo, antes recuperarás tu vida.

Con la acción te irás dando cuenta de que empieza a nacer una nueva versión de ti mismo, de que te estás convirtiendo en alguien con más recursos ante la vida.

Una vez superada y comprendida la lección, te habrás hecho mucho más fuerte y sabrás afrontar un montón de esos miedos que, antes de conocer la ansiedad, condicionaban tu vida y seguramente evitabas; habrás conseguido salir del laberinto en el que tu antiguo yo te tenía encerrado, dando vida a alguien más responsable y eficiente, un nuevo yo con alas que te permitirán llegar mucho más lejos de lo que creías posible; habrás aprendido a superar cualquier miedo que intente condicionarte, para siempre.

Sé que ya sientes el cambio, que reconoces tu responsabilidad y notas que la ansiedad no es y nunca ha sido más fuerte que tú. Te estás demostrando y sabes que, tanto frente a este problema como ante cualquier reto de la vida, **los límites los pones tú.**

7.4. Todo lo que necesitas ha estado en ti siempre

> Y Dios, he aquí que tú estabas dentro de
> mí, y fuera yo te buscaba.
>
> Reflexiones de SAN AGUSTÍN

No soy fan de las casualidades, y el simple hecho de que estés aquí y leyendo este libro me ayuda a respaldar esta teoría.

Nacer es un milagro en el que un único espermatozoide gana una carrera contra millones de oponentes, y si a esta victoria sumamos las de nuestros antepasados y las distintas circunstancias que tuvieron que darse para que se conocieran, se gustaran y procrearan, es fácil comprender que somos un auténtico imposible, un verdadero milagro de la naturaleza.

La probabilidad de que tú y yo estemos vivos está cerca del cero absoluto, y si a este milagro le añadimos el hecho de que hoy estés leyendo este libro, resulta difícil creer que todo sea una mera coincidencia.

Tal vez la razón de que este escrito haya llegado a tus manos sea la misma por la que yo decidí trabajar en dar a luz esta nueva realidad en forma de libro: ayudarte a entender que superar la ansiedad no solo es posible, sino también mucho más sencillo y necesario de lo que crees. Lo único que necesitas lo has tenido contigo siempre: esa fuerza interior que espero haberte ayudado a recuperar.

Emprender el camino que describo en este libro, responsabilizarme de mi vida, investigar, superarme y realizar todas las acciones hasta superar el problema no habría sido posible sin hacer uso de ese poder que llevamos dentro, esa fuerza capaz de sorprenderte y de crear nuevas e increíbles realidades, como por ejemplo este libro.

Reconocer que todo lo que necesitamos para afrontar cualquier duelo lo llevamos dentro es el mejor de los motores para hacer realidad cualquiera de tus sueños.

Ya hace muchos siglos, san Agustín, santo y filósofo, dio buena fe de esta gran verdad en la frase que introduce este apartado, que viene a decir: «Tantos años intentando encontrar a Dios fuera para terminar dándome cuenta de que siempre estuvo dentro de mí».

Llegamos al final de este camino con el que espero haberte ayudado a sacar a la luz esa fuerza interior que siempre has llevado contigo; sé que, si has actuado o lo estás haciendo ahora, tú mismo te lo habrás demostrado.

Aquí termina un camino pero empiezan muchos otros, por ello me encantaría despedirme ayudándote a comprender y a descubrir cuáles pueden ser los tuyos.

Intenta visualizar un largo y tortuoso sendero que poco a poco vas dejando atrás.

Observas y, al darte cuenta de que ves el final, sonríes. Sonríes porque reconoces que has sido capaz de superarlo y, mientras ríes y lo reconoces, sigues caminando.

Te sientes más ligero y feliz, más seguro y libre de lo que nunca antes te habías sentido. Sabes que quedan pocos pasos, ya puedes ver el final.

Y cerca de ese final ves un objeto, una indicación, una señal. Pronto descubrirás lo que intenta revelarte. Te quedan pocos pasos, la señal está cada vez más cerca.

Te sientes inmensamente feliz al reconocer que has conseguido finalizar una de las etapas más duras de tu vida, sabes que has aprendido mucho de este camino y de ti mismo. A partir de ahora dependes de ti, te ha quedado claro que la responsabilidad es y será siempre tuya.

Sientes el sabor de la victoria: lo has conseguido tú y esta será la mejor de tus lecciones. Acompañado de esta sensación, te acercas a la señal y observas lo que indica.

Es un gran cartel que señala un kilómetro, el kilómetro cero, un lugar donde muere lo viejo y nace lo nuevo, el punto de partida de todos los caminos, el inicio de tus infinitas posibilidades.

Y sorprendido descubres la infinidad de caminos que se abren ante ti.

Son infinitas las opciones y notas que te asaltan dudas. En unas ocasiones te tocará sufrir y en otras serás feliz, y por eso te cuesta decidir qué camino has de seguir, pero justo al inicio de cada uno adviertes unas palabras. Una lección que grabarás a fuego en tu memoria, una frase que te recuerda que has sido capaz de sortear este duro reto que la vida ha puesto ante ti y ahora dejas atrás. Una verdad que siempre llevarás contigo y que te ayudará a recordar que siempre serás capaz de reponerte a cualquier reto o dificultad, que siempre podrás luchar por hacer realidad tus sueños o intenciones.

Una inscripción que reza:

Puedes conseguirlo, tú puedes hacerlo posible.

Nota para el lector

El principal objetivo que he perseguido con este libro ha sido ayudar a otras personas a comprender y dar sentido a aquello que sufren, intentar demostrarles que en ocasiones lo único que necesitamos está y ha estado siempre dentro de nosotros mismos.

He centrado este mensaje en la ansiedad, debido a que ese fue el reto que la vida puso ante mí y me llevó a observar esta gran verdad. También creo que, siguiendo este camino, podremos superar cualquier temor o bloqueo, cualquier problema que nos esté alejando de la vida que realmente merecemos pero no disfrutamos, por habernos dejado de lado.

Sabiendo que de haber existido *El fin de la ansiedad* en mi pasado me habría ayudado en gran medida a afrontar el problema que padecí, querría pedirte un favor.

Siempre que hayas disfrutado de este libro, comprendido y hecho tuyo el mensaje; siempre que consideres que te ha ayudado a mejorar tu vida y que creas que también puede ayudar a otras personas, te agradecería que difundieras el mensaje.

Si conoces a alguien que está pasando una mala época, que crees puede necesitar un cambio de perspectiva sea cual sea el motivo, si sabes de alguien que se lamenta del mundo pero ha dejado de ser o sentirse responsable, si tienes algún conocido que padezca estrés, angustia o ansiedad, o si simplemente el libro te ha gustado y crees que puede ser interesante para otras personas, me encantaría que me ayudaras a darlo a conocer.

Puedes hacerlo prestándolo, nombrándolo o aconsejándolo; puedes regalarlo o ayudar a que más personas lo conozcan haciendo una buena crítica en las webs de venta o en las redes sociales. Muchas son las acciones que pueden significar un punto y aparte en la existencia de tantas personas, ayudándolas a recordar que existe un mundo mejor para ellas si deciden responsabilizarse.

Como espero que hayas comprendido, este es un libro de acción, y una que puedes hacer ahora mismo, sin ningún coste para ti pero con un impacto directo en el mundo, es compartir esta experiencia, una acción que seguramente aportará muchas cosas buenas a tu vida.